より良い親子関係講座

——アクティブ・ペアレンティングのすすめ——

著

マイケル・ポプキン

訳

手 塚 郁 恵

監訳

野 中 利 子

星　和　書　店

Seiwa Shoten Publishers

2-5 Kamitakaido 1-Chome
Suginamiku Tokyo 168-0074, Japan

はじめに

これまでの社会では、親になれば子育てぐらいは誰にでもできるし、自分の子育てはこれで充分！　と思っていたのではないでしょうか。しかし、一度でも子育てを経験したことがある人ならば、人間の子どもを育てることは容易いことではないと思うに違いありません。子どもを育てることは実はとても大切な、尊い仕事なのです。私はすべての社会の未来は、何よりもまず、どのような子育てをするかによって決まる、と信じています。

カール・セガンは『楽園のドラゴン』という本の中で、「子どもを育てるのは困難な仕事だ。しかし、その困難な仕事をやり抜けば、人類存続のチャンスが大いに高まるだろう」と言っています。

アクティブ・ペアレンティング（略称ＡＰ）は一九八〇年に、次の二つの信念に基づいて設立されました。

1、しっかりと子どもを育てることはきわめて重要である。

2、しっかりと子どもを育てることはきわめて困難である。

そして、

1、多くの親たちはしっかりと子育てするための愛と意欲を持っている。

2、しかし、実際に役に立つ知識や、やり方、それに適切なサポートを受けていない。

3、現に今の子どもたちは従来の子育てのやり方をはっきり拒否しており、このままいけば悲惨な結果を生み出すだろう。

という三つの仮説に基づいています。

本来、家族はお互いの成長を支える場であり、安心感と満足感の源であるはずです。しかし、今いたる所で親と子が満たされない闘いに身をすり減らし、エネルギーを使い果たしています。この数十年の間に子どもの問題は急激な勢いで増加しているのは明らかです。

確かに、親の在り方だけが子どもの成長に影響を与えるわけではありませんが、親は子どものより良い成長に深く関わる立場であると言えます。だからこそ、親を支援するために多くの子育ての本や学習プログラムが作られたり、各地域で子育て支援が広がっています。

AP講座は一九八三年に初めてビデオによる親教育プログラムとして完成し、今では広く普及した「子育て講座（日本では『より良い親子関係講座』）」になりました。今、世界中で二五〇〇以上のAPグループの親たちがこのプログラムに関心を持ち、熱心に学んでいます。

しかし、APが広まったとはいえ、まだ多くの親たちはこの講座のことを詳しく知りません。そのうえ、何万人というＡＰ講座の修了生たちは、ＡＰメソッドの実際の応用例をもっと学びたいと思っているのです。ですから、この本はこれらの二つの要求に応えることができると思います。もしあなたがまだＡＰをご存じなければ、ＡＰとはどのようなものかを知ることができるでしょうし、自分が必要とするやり方も学ぶことができるでしょう。この本を読み終えたとき、もしかするとあなたはご自分の地域でＡＰ講座を開きたいと思うかもしれません。また、もしすでにＡＰ講座で学んでおられるならば、これまでの学びのちょうど良い見直しになるだけではなく、学びのフォローとして役に立てることができるでしょう。あなたはもう、すでにご自分の子どものことをたくさん知っています。その知識とこれまでのあなたの体験は、この本を通してもっと生かされることでしょう。このＡＰメソッドを実践していくことによって、あなたの人生がより豊かなものになることを願っております。

マイケル・ポプキン

読者の皆さまへ

三十七年前に初めて来日したとき、私はまず言葉と文化を理解しようと努めました。日本語でわかりにくく難しかったのは、いわゆる目上の人、目下の人への話し方の区別があることでした。話す相手の社会的地位をみて、自分より目上の人なのか目下の人なのかを考え、敬語を使い分けなさいと教わりました。テキストには子どもや犬に向かって話しかけるときは最下位レベルでいいと書いてありましたので、ショックを受け、子どもたちに大変失礼だと思ったものです。またその頃は犬の待遇もあまり良くありませんでした。

それから年月が経ち、子どもたちも犬たちも状況が興味深く変わってきました。少子化になり、子どもたちはとても大事にされ、甘やかされるようになりました。それに皆さんもご存じのように、子どもをつくらない夫婦が増え、ＤＩＮＫ（子どものいない共働き夫婦）現象が流行りました。夫婦は子どもの代わりに犬を飼って愛情を注ぐことも多くなり、それによって犬の地位は著しく向上したのです。最近は我が家の近所でも空腹でさまよう野良犬を見かけなくなり、代わりに手入れの行き届いたワンちゃんたちがブランドものの服を着てリボンをつけて散歩しています。

出生率が低くなった今、政府はもっと子どもを産むように奨励するという微妙な課題に取り組んでいます。甘やかされたワンちゃんでは次世代の日本を舵取りするのは無理だろうと実感してのことでしょう！

子育ては確かにエネルギーと時間を要する大変なことだと言えるかもしれません。子どもはいらないという人の理由はその辺りにあるのではないでしょうか。皆さまの中には子育てが重荷で保育園に預け、勤めたほうが楽だろうと考えている方、あるいは経済的に仕事を続けなければならないが、限られた時間を子どもと有意義に過ごしたいと考えている方、また、家で子どもと一緒に過ごしているが厳しすぎたり甘やかしたりして、上手くバランスがとれないで困っている方などがいらっしゃるでしょう。どのような状況であれ、この本はとても役に立つと思います。父親や母親だけではなく、お孫さんをお持ちの方、あるいは先生など、子どもと関わる方には誰にでもこの本をお薦めします。この本は子どもと関わることが辛く大変なことどころか、あなたがかつて経験したことのないようなワクワクする、とてもやり甲斐のあることだということを教えてくれるでしょう。

アクティブ・ペアレンティング講座が提案する子育ての理論ややり方を読んで実行してみると、子どもを育てることは、実は素晴らしいことであり、愉快な経験にさえなり得るとわかるでしょう。この本をお読みになったら、親切なＡＰリーダーのもとへ集い、熱心に学んでいるＡＰグループをお探しになるようにお勧めします。きっと皆さまを支え、応援してくれるはずです。ＡＰ講座は世界中で何万人もの人々がそのやり方を実行し、子どもたちは「勇気、責任感、協力精神」などを育てられているのです。私は、子どもをうまく育てていくときのあの喜びは他の何ものにも勝る、と確信をもって言いたいと思います。
皆さまのご健闘をお祈りしています。

ＡＰジャパン創始者　教育カウンセラー
ジューン・シィート

目次

はじめに……iii
読者の皆さまへ……vi

パート1　アクティブ・ペアレンティングの理論……1

第1章　子育ての三つのスタイル……3
第2章　民主的な子育てとは……21
第3章　子どもはどのように成長するのか……31
第4章　子どもが誤った行動をするとき……45
第5章　親が誤った行動をするとき……63

パート2　アクティブ・ペアレンティングのメソッド……83

第6章　勇気を育てる……85

第7章　より良い関係を築く……103
第8章　しつけと責任……115
第9章　協力する……135
第10章　ファミリー・ミーティング……147
第11章　家族の絆を育てる……163

訳者あとがき……175
監訳者あとがき……177

パート1

アクティブ・ペアレンティングの理論

第1章 子育ての三つのスタイル

人々のつくり出すすべてのもの、すべての進歩、古い障害や偏見を除去するすべての努力――それはふつう、何よりもまず、子どもたちのために、子どもたちを助けるために、始まる。

アルフレッド・アドラー

〈ケース1〉

ダニー・クラークは栗色の髪をした五歳の男の子です。テレビゲームが大好きで、おもちゃを片づけるのが大嫌い。お母さんから「おもちゃを片づけなさい」と言われると、すぐ癇癪を起こしてしまいます。ダニーは離婚した母親と二匹の金魚と一緒に都会のアパートに住んでいます。母親はフルタイムで働いており、言うことを素直に聞かない反抗的な息子のことでいつもイライラしています。

火曜日のこと、母親はキッチンで夕飯の支度をしていました。息子のダニーはリビングで、侵略してきた宇宙人から勇敢にも地球を守っていました。ダニーは必死になって、ドキドキしながらテレビゲームの飛行機操縦桿《かん》に親指を思いっきり押しつけていたのです。ゲームに夢中になり、テレビ画面に釘付けになっていたので、母親が「ご飯ができたわよ」と呼んだのに、最初の二回はまったく気づきませんでした。母親の三回目の「ご飯ができたわよ！」と叫ぶヒステリックな声がやっと聞こえたのです。

すると母親は無言のままリビングに来て、テレビのスイッチを切り、ダニーを見下ろして、「ダニー、何回も呼んだのに聞こえなかったの？　ご飯が冷たくなっちゃうでしょう。すぐに来なさい」と命令しました。

ダニー　「いやだ」

母親　「何ですって？」

ダニー　「いやだ、行きたくないよ」

母親　「すぐに来て、ご飯を食べないと、おしりを叩くわよ！」

ダニー　「いやだ！　絶対行かないからね」

次の瞬間、母親は大きく手をあげて、それから火を噴くミサイルのように決まった目標に向かって振り下ろしました。「ピシャッ！」。それは会社であった今日一日のフラストレーションを爆発させるかのようでした。その一撃はダニーの反抗を呼び起こし、ご飯はさらに冷たくなっていきました。

その日の朝、母親は高速道路の渋滞に巻き込まれて十五分遅れて会社に着いたのです。仕事仲間のフィリスは身体の具合が悪く、会社を休んでいるし、そのためにいつもはしなくても済むストックマンのレポートまでやらなければならなかったのです。さらに新しい冊子の色具合も気に入りませんでした。要するにこの日は運悪く、何もかもが上手くいかなかったのです。その苛立ちが、ダニーへの一撃に込められていたのでしょう。

不本意に叩かれたダニーの目は悔しさの涙であふれ、激しい怒りが込み上がってきました。

「ママなんか大嫌い。大嫌いだよ！」

ダニーはベッドルームに駆け込み、枕に顔を押しつけ、心の痛みをうずめました。母親はうんざりして、膝を叩いてつぶやいたのです。

「アーア、どうして、こんなことになっちゃったんだろう？」

アクティブな親になろう

このようなダニーと母親の光景は珍しいことではなく、世界中の家庭で毎日のように起こっている出来事です。子どもが言うことを聞かなかったり困ったことをすると、親はイライラしたり、腹が立ったりします。子どもが反抗すれば親は怒り、抑えつけようとします。多くの親たちは、手がつけられないくらいになるまで子どもを放っておいて、もうこれ以上我慢ができないというところまでくると、怒って叩いたりします。まさに行き当たりばったりのしつけと言えます。これでは子どもに振り回されているだけです。親の対応が変わらなければ、困った状況はそのまま変わらず続くだけではなく、さらに悪化してしまうでしょう。

ＡＰでは、親は子どもに振り回されるのではなく、家族の中で「リーダー」の役割を果たすべきだと考えます。ですから、ダニーの母親は「リーダー」として行動計画を立て、選択し、それから行動すべきなのです。

あなたはこの本によって、ご自分の子育ての目的をはっきりさせ、その目的に向かって子どもを導いていく効果的な方法を学ぶことができるでしょう。実際にあなたがやってみて、そこから何かに気づき学んでいけば、きっと道は開けるでしょう。私がこの本の中で「アクティブ（行動的、積極的）」という用語を選び、強調しているのは、ただ子どもに振り回されるのではなく「自分が親としての責任を引き受けて、家族のリーダーになろう」、つまり積極的、行動的に生きようという意味があるからです。

また、現代は、人々が仕事、地域活動、政治的な主張、芸術、趣味、スポーツなど様々な分野でアクティブな追求をしていますが、この本を読み始めたあなたも、実はそのアクティブな一人なのです。なぜならあなたは、より良い家族関係をつくる方向に向かってすでに一歩踏み出しているからです。そしてより良い親になるための情報を求めているからです。

さらに、この本はもう一つの意味においてアクティブです。あなたはこの本によって幾つかを学び、実践されることでしょう。たぶんそれは、これまでのあなたのやり方を完全にくつがえすことになるでしょう。けれども、まずご自身が実際にやってみて、何かに気づくことから本当の学びは始まるのです。

「ちょっと一言」

この本を読むと、あなたがやってきた過去の過ち（あるいは間違いや失敗）に気づいたり、思い出したりされるかもしれません。ほとんどの人がそうなのです。過ちを認めることは大切ですが、それよりももっと重要なことは、それを忘れることです。過ちはもう過去のことであり、それにこだわっていても何にもなりません。過ちに気づくということは、自分が変わっていくスタートなのです。

また、あなたがＡＰの新しいやり方を学ぶとき、再び新しい間違いをするかもしれません。しかし、間違いは学びのプロセスの一部なのです。完全ではない自分を責めるのではなく、不完全さを受け入れましょう。ルドルフ・ドライカースは「親もまた不完全である勇気を持つことも必要だ」と教えています。もしあなたが自分自身にあまりにも厳しいなら、やる気がなくなるだけではなく、学ぶチャンスも失ってしまうでしょう。

私たちは批判されていると感じるとき、たとえそれが自己批判であったとしても防衛的になります。そうすると、自分の過ちを自分でさえ認めなくなり、自分のやっていることを見直し、改善する貴重なチャンスを失うことにもなります。過ちは学ぶためにあるのです。どうぞご自分に優しくなって下さい。

親の不完全さについての肯定的自己暗示

自分の不完全さを受け入れることは、何かを学んでいくときに特に大切なことです。次の肯定的自己暗示は、あなたがより良い親になるために準備したものです。あなたのペースで読んでみて下さい。

「私は不完全でもいい。本当にそれでいい。完全な親などあり得ない。私が親としてこれまでいろいろな失敗をしてきたとしても、それでいい。また、これから他の間違いを起こすことがあっても、それでいい。ただ自分が完全であるようなふりをするのはやめよう。そうでないと自分の過ちを自分で隠すことになる。だから、自分の過ちにはっきり気づこう。自分を責めるのではなく、にっこり笑って……。失敗や過ちから何かを学べばいいのだ。そうすれば同じ間違いをそんなにくり返すことはないだろう。そしていつの日か、バランスのとれた良い親に成長していくだろう。でも決して完全な親にはならないだろう。それでいい。なぜなら私は完全な親になるのが目的ではない。一歩一歩成長していくプロセスが人生であり、そこに喜びがあるからだ」

子育ての三つのスタイル

子育てには大きく分けて三つのスタイルがあります。私はそれらを「独裁的スタイル」「放任的スタイル」「民主的スタイル」と呼んでいます。これらのスタイルを図にしてみましょう。

独裁的スタイル
（自由なき制限）

放任的スタイル
（制限なき自由）

民主的スタイル
（制限の中の自由）

1、独裁的スタイル

独裁的な親は、支配的あるいは権威的な人であり、自分の命令を守らせるために賞罰を使い分けます。子どもが何を、いつ、どのようにすべきかを決めるのは親です。子どもは親に言われるままに従わなければなりません。独裁的な子育てのスタイルでは、「子どもは何もわからないので親に従っていれば間違いを起こすことはない、子どもが親に従うことが子育ての目的であり、そのためには飴と鞭が必要だ」と信じられています。ですから子どもにはほとんど自由がなく、選択もできません。この子育てのスタイルは「自由なき制限」と言えるでしょう。

2、放任的スタイル

放任的な親は、厳しく妥協を許さない独裁的なやり方に強い反発を感じています。「人間は基本的に自己コントロールができるものであり、充分な自由が与えられれば、子どもは学ぶ必要があるものは自分の直接体験から学ぶだろう」と思っています。このスタイルでは個人の自由が何よりも優先されます。ですから子どもが自分のやりたいようにすることを許します。このような家庭では秩序や規律はほとんどなく、制限もまたほとんどありません。親の多くは、まるで「ドアマット」のように子どもたちに踏みつけられても平気です。

このスタイルの主な欠点の一つは、子どもたちの中に出てくる不安感です。子どもたちは帰属感や協力の気持ちをほとんど持たずに育ちます。放任的なやり方は「制限なき自由」であり、やりたい放題の自由を意味するギザギザの線で表すことができるでしょう。

3、民主的スタイル

民主的な家庭では、自由が理想なのですが、他の人の権利や責任も大切にします。そこでみんなが幸せに生活するために、個人の自由には当然の制限が求められます。「制限の中の自由」という考えは民主的なスタイルの本質であり、円の中のギザギザの線として表されます。

民主的な家族の親は、独裁者でもドアマットでもなく、協力の気持ちを育て、学びを大切にするリーダーです。また、子どもを尊敬しながら、秩序と規律を決定するリーダーです。

すべてのメンバーは大切な家族の一員であり、家族の皆が「私たちは共にいる」と感じます。それは独裁的な家族や放任的な家族の「私とあなたは対立している」という感覚とはまったく違ったものです。このやり方は、すでに何百万人という親たちに、子どもたちが必要とする強さや優しさを持った「リーダー」となる手がかりを与えているＡＰのやり方なのです。

夫婦間の違い

夫婦間で子育てのスタイルが違うことはよくあることですが、その違いが大きくなると、子どもたちにとって困ったことになる場合もあります。私はカウンセリングに来た家族に会って気づいたことがあります。それは、夫である父親があまりにも厳しすぎると、母親が子どもに優しくなることでそれを補おうとします。すると父親は子どもが甘やかされて育つのではないかと恐れ、ますます厳しくなります。最初は害にならない程度の小さな違いだったのに、このように埋め合わせをしていくうちに、ついには大きなギャップを生み出すのです。そこでこのようなことが起こらないように何らかの手段をとる必要があります。次にいくつかの提案をあげてみました。

1、二人がどのような子育てをしていくのか、話し合ってみましょう。もし、あなたがこの本を読んでこれからの参考にしたいと思われるのなら、自分の考えをわかってもらうために「読んでほしい」と頼んでみます。それから二人がどのようにしていくかを決める共通の出発点として、この本を使って下さい。

2、もし二人が一つの共通スタイルに同意するならば、いろいろな状況や対応の仕方について定期的に話し合ってみましょう。お互いに励まし合って、話し合いを続けることが大切です。

3、相手が話し合うことを望まなかったり、あなたとは違ったスタイルにとても強い思い込みがあれば相手を説得してみて下さい。

4、たとえ説得に成功しなくても、がっかりすることはありません。この本の第一の目的は、子どもとあなたの関係をより良いものにすることです。もし子どもが少しでも変わって、あなたと良い関係であるのなら、相手もその効果をみて、自分でも気づかずに変わり始めるかもしれません。

5、二人のスタイルの違いが続くならば、お互いに埋め合わせをしないようにします。また子どもをどちらかの親としか遊ばせないようにしたり、相手を妨害したりしない、とお互いに同意して下さい。それに、もし父親（母親）に何かを頼んで拒否されたら、母親（父親）に告げてもいい、ということを子どもに知らせておきましょう。また、両親の意見が違っていてもお互いの悪口は言わないということも伝えて下さい。

6、例外として相手から子どもを守らなければならないこともあります。不愉快な例外ではありますが、相手が明らかに子どもを傷つけるようなこと（例えば、虐待や、近親相姦）をしていることがわかった時点で、勇気を出して、各地域の児童相談所や精神保健センター（電話帳で調べて下さい）あるいは緊急の場合は警察などに連絡し、サポートしてもらう必要があります。

〈ケース2〉

私たちはダニーの母親の例で独裁的とも言えるような親のやり方をみてきました。母親は夕飯時にテレビゲームに熱中している子どもを脅し、怒鳴り、ついには罰を与えました。このようなやり方の結末は、子どもの反抗、傷ついた感情、そしてベッドルームに引きこもることで終わりました。

さて、次は同じ状況で放任的な親であれば、どのように対応するのかをみていきましょう。

アリソン・コールマンは七歳のチャーミングな少女です。母親は弁護士で「一人前の仕事」をしようとすれば、長時間働かなければならないことに罪悪感を抱いています。その償いをするために、絶えず娘のご機嫌をとるために低姿勢になりがちです。父親はコンピューター・プログラマーで妻の仕事を支え、夕食の用意はほとんど父親がしています。

しかし困ったことに、父親もまた娘のこととなるとかなり甘いのです。アリソンにはデクスターという十六歳の兄がいます。デクスターは真面目な高校生であり、優れたスポーツマンでクラスの人気者です。デクスターは両親が妹を甘やかしすぎると思っています。

ダニーと母親が権力争いを繰り広げていたちょうど同じ日に、コールマン氏は娘を夕飯に呼びにプレイルームにやってきました。デクスターはバスケットの練習で帰宅が遅くなり、母親は残業で、皆の帰りを待っていると夕食はもっと遅くなるでしょう。

プレイルームで、アリソンはブロックで宇宙ステーションを組み立てていました。

「アリソンちゃん、夕飯だけど。いいかい？」父親が声をかけました。

「ちょっと待って、パパ。まだ終わっていないの」

「だけど、もうご飯ができたんだよ。冷たくなると美味しくなくなるよ」

「ウーン、もうちょっと」

「わかったよ、もう少しだけだよ」

(それから十分経ちました)

「アリソン、おいで、いい子だから。ほら、冷たくなっちゃうよ」

それでもアリソンは何の返事もしません。

「アリソーン、オーブンに入れて、温めてほしいかい？」

「そうね……」

それでもアリソンは顔も上げないで答えました。

(一時間後、テーブルで……)

「お腹が空いていないのかい？」

「……あたし、このチキン好きじゃないもん」

「でも、先週作ったときは、美味しいといって食べたじゃないか」

「だって、へんな味がするんだもん。ねーパパ、ホットドッグ食べちゃダメ？」

「ダメだよ、アリソンちゃん、このチキンのほうが栄養があるよ」

「だって、いやだもん。パパお願いだから、ホットドッグ食べていいでしょう？」

「ほら、ほら、いい子だから、一口だけでもチキンを食べてみようよ」

「いや、食べたくない！」

「わかったよ。じゃあ、ホットドッグを作ってあげるよ。だけど今夜だけだよ」


〈コメント〉

父親はは絶えず娘をなだめ、対立やいさかいを避けようとしているのですが、その結果はどうでしょうか。娘は周りの人と一緒に協力していくことを学んでいるでしょうか。むしろ、自分勝手に、好きなように要求ばかりをするようになっています。父親は、娘がまるで自分の父親を食堂のコックのように扱って支配することを、何も言わず許しています。これでは父親は子どもの言いなりになって、振り回されているだけです。

〈ケース3〉

ブラッドフォード家は美しい湖のほとりの木々に囲まれた素敵な家に住んでいます。父親は医師で、裕福な生活をしています。母親は子どもたちに手がかからなくなってきたので（リサは十六歳、ジェイソンは十一歳、スーザンは九歳)、そろそろ仕事を始めようかと考えているところです。それでもやはり他の家族と同じように子育てには頭を痛めています。

母親は、ある時は独裁的なスタイル、そしてある時には放任的なスタイル、と使い分けていますが、結局どちらのやり方も上手くいかないで試行錯誤するのに疲れてしまい、どうにかやっと新しいやり方にたどり着きました。

そして、母親は次のような話をしてくれました。

「これまでうちの夕食はどうしても上手くいかなかったのです。なぜなら、家族が同じ時間にみんな一緒に席につくことはとても難しいことでした。特に息子のジェイソンにみんなと一緒に席についてもらうのは、とても大変なことだったのです。どうしてそうなったのかって？　たぶん、いつも姉や妹に（もちろん母親の私にもだけど）甘やかされて、ですから、まるで『小さな王子様』のような気持ちだったと思います。以前は気まぐれな王子様をなだめすかしてテーブルにつかせたり、特別にテレビの前の小さなテーブルでご飯を食べさせたりしていたのです。息子のご機嫌や私の都合で行き当たりばったりのやり方をしていましたので、時には怒鳴ったり、金切り声を上げたりして食べさせるものだから、家族で食事を楽しむことができなかったのです。

ある日、ふと、こんなことをしていても何の解決にもならないし、私が息子に振り回されているのだと気づいたのです。そこで今までと違ったやり方でやってみることにしました。

私は息子に『夕食は六時半から食べ始めるから、その時間にはテーブルにつくように、それが我が家の決まりで、マナーだよ』って伝えました。いつものように六時半に家族の皆は夕飯の席につきましたが、息子は来なかったのです。隣の部屋からはテレビの音が聞こえていました。その時、私は息子が私を試しているのだと気づきました。息子は来ませんでしたが、私たちは夕飯を食べ始めました。私は息子を待っていましたが、結局皆が食べ終わるまで来なかったのです。私はその後も待ってから、息子の食事を片づけました。

七時ちょっと過ぎに息子がぶらりとやってきて、お腹が空いたと言いました（やっと王子様の到来です）。私は怒らないように落ち着いて、なるだけ穏やかな声で『夕飯は六時半だと言ったでしょう』と言うと、息子はムッと膨れっ面をして、それから地団駄を踏んで怒り始めました。その時、夫に『お願いだから何か言ってちょうだいよ』と頼みました。幸い夫に前もってこの計画を話していましたので、夫は最後まで私を応援してくれました。私は息子に『朝ご飯は七時半からだからね。その時にきちんと守れるといいわね』と言ったのです。それを聞いた息子は、あきらめたのか仕方なく自分の部屋に入ってふさぎ込んでいました。でも、それがどうだというのでしょう。

次の朝、息子は七時十五分に朝食に来ました。それ以来二度と夕飯を食べそこなうことはありませんでした」

〈コメント〉

ジェイソンの母親は息子と闘うか、降参するかという落とし穴を体験して、結局どちらも選びませんでした。その代わりに母親は自分がどうするかを決め、息子にもどうするかを決めてもらったのです。母親は息子の挑戦には乗らず、家族のルールに従った人たちにはきちんと夕食を出すという自分の「仕事」をしただけです。

独裁的な親は子どもに「こうしなさい」と命令し、放任的な親は子どもが親に「こうしろ」と言うのを許すのに対し、民主的な親は、子どもが責任ある行動をするように導き、影響を与えるためのやり方として「選択とその結果」を使います。

ジェイソンの母親はこのようなやり方がもっと上手くなるのにつれて、コミュニケーション・スキルを学んで、問題解決のプロセスそのものに、もっとジェイソンを巻き込むことができるようになるでしょう。今のところ、彼女は良いスタートを切ったのです。

ケーススタディーについてのコメント

さてこれまでに三つの家族をみてきましたが、これらの家族の話は、この本全体を通してあらゆる場面で登場します。実在の家族ではありませんが、私が過去十二年間に会ってきた、たくさんの実在の家族がモデルになっています。ですから様々な問題や解決はとてもリアルなものであり、アクティブ・ペアレンティングの基本理論ややり方の参考例となっています。

次の家族図は、彼らの家族関係を心にとめておくのに役に立つでしょう。

ケーススタディーの家族図

ブラッドフォード家

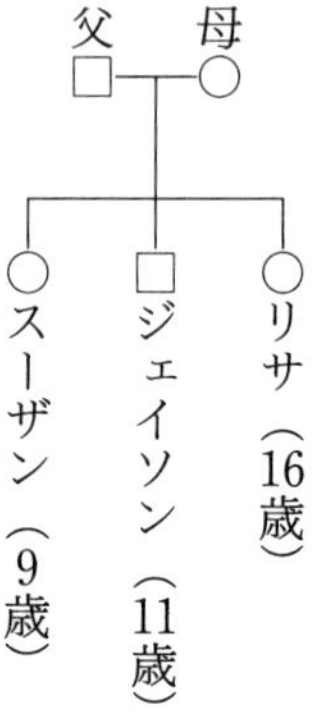

コールマン家

クラーク家

第2章

民主的な子育てとは

今までこうだったからといって、その通りにすることは、考えの足りないところから生まれる「お化け」のようなものだ。

ラルフ・ワルド・エマーソン

親と子が平等だということの意味

人類の歴史をみると、いつの時代も人々は平等を求めて闘ってきました。子どもたちが、自分は親と平等だと思っている、という考え方は、多くの親にとって受け入れがたいものかもしれません。

しかし「親と子は平等である」という考え方を否定する前に、平等という言葉は、本当はどのような意味なのかちょっと考えてみましょう。

平等とは「同じ」という意味なのでしょうか？　いいえ、そうではありません。皆が混乱するのはここなのです。平等であるということは、違っている、とも言えます。現実に私たちは一人ひとり個性がありユニークな存在ですから、お互いにたくさんの違いがあります。また人種、宗教、性の違いについても同じことが言えます。その違いは、人類を織物にたとえると美しい部分であり、まして平等を妨げるものではありません。

子どもたちはさらに、もっと違っており、多くの点で親と平等ではありません。例えば子どもたちは、能力という点からみても親と同じではありません。また、大人は身体的にも子どもより大きく、強く、それに子どもたちにはない社会的、経済的な力を持っています。成熟という点でも、子どもたちとは違って、長年の間、身体、心、感情的な安定性などを発達させてきています。そして、役割という点でも当然違っています。親の役割は家族のリーダーであるのに対し、子どもは学習者、つまり学び育つ人なのです（もっとも、親も学び続けていますが）。

では、親と子どもは平等である、というのはどういう意味なのでしょうか。

まず言えるのは、人間としての尊厳と尊敬を求める権利はまったく同じだということです。私たちは平等という考え方を子育てにあてはめることには慣れていません。しかしもはや子どもたちは、無条件に親の命令に従う存在になりたいと思ってはいないでしょう。現に私たちは民主主義と平等を理想とする社会に生きているのですから。

どのような社会でもそうですが、リーダーが必要です。民主社会のリーダーは尊敬に基づいた公平なやり方をしない限り、リーダーとしての役割は果たせません。家族のリーダーである親も、まったく同じです。民主的なやり方で子どもと関わり、自分の子どもであっても尊敬する必要があります。私たちの親や祖父母の時代の古い子育てのやり方は、当時はそれで良かったのですが、今ではそのほとんどが通用しなくなっています。

なぜなら私たちは自由な人間であり、自分の人生に影響を与える決断には選択の自由があるのですから、新しい子育てのスタイルの選択は、私たちにゆだねられています。新しい子育ての方法つまり民主的な子育ては、伝統的な従来の子育ての要素もいくらか含みながら充分に現代の私たちに役立つものです。

一九五〇年代に教育者や親たちは、古い伝統的な子育ての方法はもう効果がなくなってきていると気づき、急進的な調整を試みましたが、残念ながら不成功に終わりました。五〇年代、六〇年代の放任的な子育てのスタイルは行きすぎた独裁的なスタイルへの反動だったのです。子どもたちはありあまるほどの自由と、素晴らしい環境を与えられ、その中でより良く自分を育てていくように期待されました。けれどもこれも逆効果でした。多くの子どもたちは自分に甘く、責任感がなく、自己規律ややる気もなくし、指導や訓練がないことに反発するようになりました。独裁的スタイルの厳しい制限と、放任的スタイルの制限のなさが両方とも同じように反抗的な子どもたちを生み出したのは皮肉なことです。

親がリーダーであるという民主的なやり方は、「制限の中の自由」という新しいスタイルを生んだのです。人間として子どもを尊敬するという新しい親の在り方と重なり、民主的な子育ての大きな特徴となっています。ではなぜ民主的なスタイルが今日の世界でもっとも効果的な関わり方になっているのか、さらに詳しくみていきましょう。

子育ての目的

もう五十年以上も前に、心理学者アルフレッド・アドラーは「人は過去のいわゆる原因よりも、未来の目標や目的によって動機づけられる」という一つの考えを示しています。今日の教育者や心理学者、あるいは動機づけ論者も、成功のカギは自分の目標をはっきりと決めることだと言います。そこで、親として成功するためには原因を探るよりも全体的な目的を明確にし、毎日の生活の中でそれを心にとめておく必要があるのです。言うまでもなく、すべての生命の基本的な目的は生き抜くことです。けれども乳幼児は自分だけでは生きていくことができないので、子育ての第一の目的は子どもを守ること、と言えます。

また、人間は他の動物と違ってただ生き抜くだけでなく、もっと多くの可能性を持っています。例えば芸術や音楽、レクレーション、魂の目覚めさえも創造することができます。私たちは自分の可能性を発展させ実現することができる、つまり繁栄することができるのです。このことから考えると、人間の目的は「生き抜くこと」と「繁栄すること」の二つなのです。

私たちは、親としていつまでも子どもの側にいて、守ってやることはできないでしょうから、子どもが社会の中で生き抜き、自分の可能性を充分発揮できるよう、親も楽しみながら準備をしていく必要があります。ですから、子育ての目的は子どもたちを守り、そしてひとり立ちできるように準備をすることと言えます。

では、子どもたちがもっとより良く生きることができて繁栄するためには、どのような資質が必要なのでしょうか。この問いへの答えは、私たちの子育ての目標を決めることになるでしょう。

私たちはどのような子どもを育てようとしているのか

ある時、私はカウンセリングに来た父親に、「子どもに何を望みますか？」と尋ねたことがあります。すると、その父親はうつろな目で私を見ながら「盲目的な服従です」と答えたのです。もし、私たちが親に服従する子どもを育てたならばどうなるのでしょうか。そのような服従は、選択と議論に満ち、個人の責任とリーダーシップが尊重される現代社会において、自分の可能性を伸びやかに発揮するのに役に立つでしょうか。明らかに答えは「ノー」です。人間が社会の中で生き抜き、繁栄するためには、多くの特質があげられますが、その中でも特に次の三つが基本的だと考えます。

まず、第一に「勇気」です。アルフレッド・アドラーは「もし子どもにたった一つだけ贈り物を与えることができるならば、私は勇気を贈るだろう」と言いました。「もし子どもが勇気を持っていたら、自分が学ぶ必要のあることすべてを学ぶことができるだろう」と考えたからです。勇気を育てられた子どもは、たとえ失敗をしても再三挑戦し、そしてやがては人生の様々な困難をも克服することができるようになるでしょう。しかし、勇気という資質を育てられていない子どもは、すぐにあきらめてしまうか、やる気が起こらないかもしれません。そのうえ、失敗するのではないかという恐れと、恐れを強化する失敗がお決まりのパターンとなり、後悔と恨みの人生を送ることになるでしょう。勇気は子どもが自分のパーソナリティーを築き上げる土台であり、人間の可能性の核心なのです。

第二の資質は「責任感」です。ルドルフ・ドライカースは、アドラーが築いた基本理論を受け継ぎさらに発展させた心理学者ですが、個人の成長と生存のための責任感の重要性を強調しました。民主社会では人は自分で決断し、その選択の結果を受け入れなければなりません。子どもたちはこれから生きていくうえで、何千という選択を迫られ、その結果を引き受けていくのです。それが私たちの社会の現実なのです。何千という選択の中には、まさに生死の問題もあるでしょう。麻薬の誘惑もあるかもしれません。他にもたばこ、飲酒、セックス、犯罪、ドロップアウト、ついには自殺の選択にさえ直面するかもしれません。

親である私たちは、いつまでも子どもの側にいて、その都度、子どもにどうしたらいいのかを教えることはできません。子どもたちは自分でどのようにして才能を伸ばすか、どのようにして生計を立てるか、あるいは、もっと理想的な社会を創造するには自分がどのような役に立つことができるかなど、自分で考え、選択しなければならないでしょう。親は子どもたちが責任ある決断ができるように準備し、その決断の背後にある勇気を子どもの中に育てるならば、子どもは困難な出来事にも立ち向かうことができるようになるのです。

「協力精神」は、子どもたちに発達させてほしいと思う第三の資質です。ある人々の間では「競争心が成功への道」と強調されていました。しかし現実にはチームワークのマジックに気づいた人々が、この社会をリードしてきたのです。人生は依存でも孤立でもなくお互いに助け合うものだということを子どもたちに教えることが、アクティブ・ペアレンティングの基本なのです。

平等な人々の社会では、協力精神は大変価値あるものです。自分以外の仲間と協力できる子どもは、協力することを学んでいない子どもよりも、生き抜く力や能力を発揮する力はずっと強いのです。ですから親子関係そのものが、対立関係よりもむしろ協力関係であることが望ましいのです。

しかし子どもたちが協力するようになるためには、命令したり要求したりすることは有効ではありません。協力しようとする姿勢を育てなければならないのです。

床に散らかったおもちゃは、どうなるの？

ここであなたは「勇気、責任感、協力精神、それはとても立派なことだけど、例えば床に散らかったおもちゃはどうなるの？」と言いたくなるかもしれませんね。そう思うのはごく自然なことです。誰もが時間という制約がある中で、願いや夢や、自分自身の権利としてより良く生きたいという強い願望を持っています。あなたの家のリビングルームが竜巻の後のおもちゃ屋さんのようにならないことは、より良く生活することの一つなのですから、この問いに答えることは、子どもに害を与えないで親の目標を達成することです。そこで目標を二つに分けてみましょう。

子どもたちに対する長期目標は勇気、責任感、協力精神の資質を育てることです。これらの目標は達成するのに長い時間がかかります。しかし毎日の生活の中では、子どもたちにおもちゃの片づけ方を教えるというような短期目標が出てきます。私たちは実際に、子どもたちの勇気、責任感、協力精神を高めるようなやり方でおもちゃの片づけ方を教えようとします。リビングルームを綺麗にするという短期目標をこれらの資質を踏みにじるような方法で達成することは、役に立つ学びのチャンスを奪うだけではなく、子どもたちともっと良い関係を作りたいと願う親の目標も踏みにじるのです。これについては親子関係のダイナミックスを探求している第3章で、さらに詳しく学びます。

民主的な家族では誰が決定権を持つのか

民主的な子育てとは、家族のみんなが決定権を持つということでしょうか？　そうではありません。民主主義の本質は、自分がやりたいようにやれる、という意味ではなく、自分の意見を言うことができるという意味なのです。親の役割はリーダーで国会や議会のように決定権を持つわけですが、ときには評判の良くない決定を下すこともあるかもしれません。しかし子どもたちはいつでも自分が考え、感じていることを親に知らせる権利があり、親に影響を与えるチャンスを持つべきなのです。つまり、いつでも言いたいことが言える、ということなのです。子育ての目的が社会の中で生き抜き、繁栄できるような資質を育てることであれば、民主的な原理を教え始める場所として、家庭ほど適切な場所があるでしょうか？

第3章 子どもはどのように成長するのか

狡猾《こうかつ》であると同時に愛嬌があるということは難しいことだ。六歳以上になると、そんなことができる人はほとんどいない。

スッター

あなたが子どもの頃、親はイライラしながら次のようなことを言わなかったでしょうか。

「あなたって何を考えているのか、さっぱりわからないわ」

「子どもの気持ちがわからないわ」

「どうしてそんなことをするの？」

人間の行動を理解することはとても難しいことです。特に最近の子どもはわからないと、よく言われます。そこでこの章と次の章で、子どもたちはどのように発達していくのか、どうしてそのような行動をするのか、あなたがもっとよく子どもを理解できるように援助したいと思います。それがわかれば葛藤があっても、それほどフラストレーションを感じることなく、家族の中のリーダーとして何ができるかみえてくるでしょう。

子どもはどのように発達するのか

生まれたばかりの赤ちゃんは小さく、頼りなくて、生きるために誰か他の人に絶対的に依存しています。誰かが食べ物を与え、衣服を着せ、抱っこし、あやさなければなりません。このような頼りない赤ちゃんが、どのようにして、自分自身のパーソナリティーを持った独立した大人に成長、発達していくのでしょうか。子どものパーソナリティーの発達には自然（遺伝的要因）と養育（環境的要因）という二つの要素がありますが、どちらの要素が重要なのか、と常に多くの心理学者たちの議論の的になってきました。

遺伝的な要因

遺伝子や染色体を通して親から子へ伝えられる遺伝的な要因が子どものパーソナリティー形成にもっとも大きな役割を果たしていると信じる学者もいます。このような見方をすれば、子どもの発達は持って生まれた生物学的な遺産によって前もって決定されていることになります。つまり持って生まれた身体的、精神的、感情的な傾向がパーソナリティーを形成していく、というのです。

環境的な要因

家庭環境、育て方、体験というような影響が、パーソナリティー形成の主要な役割を果たしていると信じる専門家もいます。この考えからすると、子どもは受け身な存在で、他からの影響によって発達が形成され、そのユニークなパーソナリティーはそれらの影響の結果である、ということになります。よく言われるような「あの子は家庭崩壊の中で育ったのだから、どうしようもない」というような表現や「馬子にも衣裳」ということわざの中にはこのような理屈があるのです。また、環境的な考え方は例えば「性的虐待を受けた子どもは傷ついて一生癒されることはない」という親たちの誇張された恐れの中にもみられます。

子どもは主体的なのか、受け身なのか

遺伝的な要因の主張と環境的な要因の主張には様々な違いがあるにもかかわらず、とても重要な共通点があります。それはどちらとも子どもは多かれ少なかれ、受け身な存在であり、自分のパーソナリティーの発達をコントロールするのに必要な自由な意思を持っていない、ということです。

しかし、もう一つの考えは、遺伝と環境はパーソナリティーに重要な影響を与えるとはいえ、パーソナリティーを決定するのは、子どもがそれらの影響にどのように応えるのか、あるいはそれらの影響をどう使うかによる、と考えるのです。この考えでは、子どもは受け身ではなく主体的なのです。ということは、子どもは遺伝や環境の犠牲者ではなく、自己決定的で創造的です。それに明確な意識はしないままですが、どのような影響を受けても、それにどう応えるのか、どんな選択をするかによってユニークなパーソナリティーをつくりあげていくのです。子どもの運命は宿命によって左右されるというより、選択の問題なのです。この考えはアルフレッド・アドラーによるもので、アドラーの言葉によれば「重要なことは自分が何を持っているかではなく、自分が持っているもので何をするか」なのだと言えます。このことを証明するように、困難なハンディキャップを乗り越え、満足のいく人生を送り、社会に貢献した人々の例が、これまでにもたくさん語り継がれています。

パーソナリティー形成の積木について

この本の多くはアルフレッド・アドラーの考え方、特に「人は様々な影響を積極的に役立てることによって、自分のパーソナリティーを築き上げ、自分の人生を形づくるものである」という彼の理論に基づいています。私はこれらの影響の数々を、パーソナリティーをつくりあげるための「積木」と考えています。これらの積木には遺伝、家族の雰囲気、家族の中の自分の位置、親の育て方などがあります。それでは一つずつみていきましょう。

1、遺伝

前にも述べたように、子どもが親から引き継ぐ身体的な贈り物は、パーソナリティーを築き上げる一つの重要な資質です。例えば、ある少女は友だちよりもずいぶん背が高いとしましょう。少女は自分の背が高いという身体的な特徴にどのように反応するのでしょうか。背が高いということを誇りに思うかもしれませんし、何となく嫌だと感じるかもしれません。例えばすくっと立ってみたり、あるいは前かがみになったり、あるいは自分よりも背の低い友だちを見下ろしたりして、もっとバランスが良かったらいいのにと悩むかもしれません。逆に、もしかすると長身を生かしてバスケットボールが得意だったりするかもしれません。子どもの資質であれ、障害であれ、背の高さや容貌などの身体的な特徴をどのように受け止めるかは、その子のパーソナリティーを構成する多くの要素の一つなのです。

2、家族の雰囲気

小さな子どもにとって、家族は「世界」です。ですから子どもの頃の環境の影響は、ほとんどすべて家族からのものです。毎日の生活の雰囲気は確かに子どもに大きな影響を与えます。あなたの家庭の雰囲気はいかがでしょうか？　お互いの尊敬と協力があるのでしょうか？　家族のそれぞれの権利は尊重されていますか？　親は温かく、ほどよい程度に世話をしていますか？　愉快なユーモアがありますか？　たとえどのような雰囲気であっても、子どもは子どもなりに、それに応えるでしょう。子どもは毎日の家族の雰囲気を、パーソナリティーを築くための材料としているのです。

3、家族の中の位置

それぞれの子どもが必ず影響を受けるのは、きょうだいの数と、その子が第一子か、第二子か、あるいは末っ子か、それとも一人っ子かという家族の中の自分の位置（布置）です。一人ひとりの子どもがユニークな位置を持ち、そこで演じる役割は、その子が自分の位置をどう思っているかによって影響されます。それぞれの子どもは自分の置かれた状況に特徴あるやり方で反応し、パーソナリティーにその痕跡を残します。しかし、子どものパーソナリティーの発達に違いをもたらすのは、家族の中の子どもの位置というよりも、その位置をその子がどのように感じているのかなのです。

4、子育ての方法

子どもに与える影響でもっとも大きいと考えられるのは、子育てのスタイルです。私たちはすでに独裁的、放任的、民主的という三つの基本的な子育てのスタイルをみてきました。しかし、親がきわめて影響を及ぼすとはいえ、親は子どもの運命を支配することはできません。ただ影響を与えるだけなのです。子どもたちの人生は子どもたち自身の手の中にあるのです。親が子育てのやり方を改善することによって、子どもはパーソナリティーに影響を及ぼすあらゆる「積木」を通して、自分らしいパーソナリティーを築き上げていくことができるようになるのです。ひいてはそれが将来、子どもたちの満たされた人生を送る可能性を大きくしているとも言えるでしょう。保証のない私たちの世界では、可能性は非常にパワフルな力なのです。

〈ケース4〉

リサは裕福な家庭の、少々頑固なティーンエイジャーです。リサはドラッグでなくジャズに夢中で、もちろん学校の宿題よりも、男の子に関心があります。学校では生物学の授業が苦手であり、できるものなら生物学の授業をボイコットしたいと思っています。父親は立派な医者であり、自分の子どもがこともあろうに生物学に右往左往しているなど、とても理解できないのです。ですから、父親はリサが初めての試験に不合格したためにちょっぴり不機嫌なのです。

「わたし、生物学はきらいよ！」

リサはそう言うと泣き出してしまいました。

「グリーン先生の授業は退屈なのよ。テストだってとてもばかばかしかったのよ！」

「リサ、成績が悪かったのをグリーン先生のせいにしても、どうにもならないよ」

父親は言いました。

「いい点を取りたかったら、もっと勉強しなくちゃだめじゃないか。だいたい生物学というものは人生なんだよ。もし、生物学が嫌になったのなら、おまえは人生が嫌になったことになるんだよ」

「生物学はガラス板の上のたくさんの虫と、まるで虫みたいなグリーン先生だけよ。それにあの先生は退屈だってみんなが言ってるわ！」

父親は娘と話していて不愉快な気持ちになりました。結局、リサは父親の大好きな教科で最低の点をもらってきたのです。

「おまえがちゃんと勉強しなかったから、こんなことになるんだ。どうしてお父さんがちゃんと本を読みなさいと言っていたか、わかっただろう？」

「読もうとしたのよ。だけど、集中できなかったの。だってこの本はグリーン先生みたいに退屈なんだもの」

リサは言いました。

「いいかい、リサ、よく聞きなさい！」

父親は今度は怒って言いました。

「お父さんはおまえの愚痴をいっぱい聞いてきたんだよ。おまえはもともと頭がいいんだよ。だけど、いい大学に入りたいと思うなら、その頭を使わなくっちゃね。九歳の妹のほうが、おまえよりも毎日の勉強の習慣がついているじゃないか。だからそれが成績にも表れるんだよ。おまえだって、もうちょっと努力すれば、成績も上がるはずだよ」

「あーあ、いやだ！」

リサはウンザリしたようにソファーの椅子にドカッと身を投げて言いました。

「わたし、虫はきらい！」

子どもの行動を理解する

どうしてリサは生物学が苦手なのでしょうか。なぜ、リサは父親のアドバイスを素直に聞かないのでしょうか。それに父親はどうしてリサの落第点を何とかしようとするのでしょうか(ついでに言うと、どうしてグリーン先生は生徒を退屈させるような授業をするのでしょうか?)。

私たちは人の行動を理解しようとするとき、二つの視点で考えます。一つは、過去に目を向けて、その行動を引き起こした原因を探すのです。もう一つは、未来に目を向けて、その行動の目的、あるいは目標を考えることです。原因とその結果を考えるのは、物理学、化学、生物学といった目に見える分野においてはわかりやすくきわめて効果的です。このような分野においては、一定の原因から、一定の結果が出てくるのは明白です。しかし、人間の行動に関してはそうはいきません。なぜなら、人間は目的に向かう存在だからです。人は未来を予想し、自分の行動を選ぶユニークな能力を持っています。子育ての中で子どもの行動を理解しようとするときは、「何が原因だろう?」と問うよりも「何が目的でこんなことをするのだろう?」と問うほうがより効果的なのです。

さて、どうしてリサは生物学が落第点だったのでしょうか。父親はリサの最低の成績を見て、「何が原因だったのか」と問いつめます。この最悪な成績の原因は、確かにリサに勉強の習慣がついていなかったのは一つの要因かもしれませんが、単なる勉強不足でしかあり得ないでしょう。

でも、他にもいろいろなことが考えられるかもしれません。リサはいつまでも父親の言いなりにはなりたくない、ということを示したかったのかもしれません。それに父親の評価や批判、あるいは妹との比較は、リサの心を傷つけるものです。あるいは、リサが最悪の成績をとることは、逆に父親をがっかりさせ、傷つけることかもしれません。なぜなら父親は他の教科よりも、特に生物学に価値を置いているからです。もしかすると、リサが父親の関心を引く唯一の方法は、何かの問題を作り出すことであり、生物学で「F」という最低の成績をとることはその目的を達成するためだったのかもしれません。

リサの行動の本当の目的をもっと深く理解するためには、リサと父親の関係について、もっと詳しく調べなければ本当のことはわかりません。

多くの場合、自分の行動にどのような目的が隠されているのか、そしてその結果、どういうことが起こっているか、ということは自分でも気がつかないのです。父親がリサの目的に気づかないように、リサもたぶん気づいてはいないのですが、それでもその目的はリサの行動にパワフルに影響を及ぼしています。私たちはまず目的を知ることによって、子どもの行動をもっとよく理解することができるのです。

私たちの目的――生き抜くことと、繁栄すること

第2章で生き抜くことと、繁栄することという考え方を述べてきましたが、子どもたちの行動を理解するという観点から、ここでもう一度振り返って簡単にみてみましょう。

もし、生き抜くこと、つまり生存が人間の基本的な目的であれば、動物レベルと私たちの違いは、

単に生き抜くだけではなく、知的、社会的、心理的、霊的な成長と発達に向かう可能性だと言えます。この人間の可能性は生きることの意味を求め、自分の能力を充分に発揮させることです。それがすなわち、繁栄なのです。それでは生き抜き、繁栄するためには何が必要なのでしょうか。さまざまな心理学者たちは三つの要素をあげています。その三つとは、「帰属すること」「学ぶこと」「貢献すること」です。

私たちの発達の目標——帰属・学習・貢献

アルフレッド・アドラーは、「人間が成熟するにつれて、思考能力や推理力は、生存の可能性を次々と広げていった」と考えました。また「すべての人類は、人種や宗教、また文化の区別なく、帰属したいという共通のニーズを持っている」と言っています。

まったく無防備な存在としてこの世界に生まれた人間の赤ちゃんは、周りの人の援助なしには、生きることができません。同じように子どもも他の人に属して生きる必要があります。この幼い頃の現実があまりにもパワフルなので、私たちは帰属先を見つけること、つまり自分の居場所を見出すことが生涯で非常に重要になるのです。

また、マリア・モンテッソリはイタリアの教育者ですが、人が生き抜くために何が必要かという議論に、第二の重要な考えを提唱しています。それは、学ぶことは人間にとってごく自然なことである、ということです。この地球上で生き抜くためには学習が必要であり、私たちは自然に学ぶことができるのです。将来、他人への依存を減らし、自立するためには、簡単なことからもっと複雑なことまで幅広く生活技術を学ばなければなりません。このように、すべて人間は帰属し、そして学ぶという基本的で根源的な欲求を持っているのです。

帰属(注1)というベースから、学習(注2)を通して獲得した技術を身につけ、子どもたちは「もらう」ことばかりではなく、周りに「与える」こともできるようになります。

貢献(注3)は次の二つの点で重要です。第一に、一人ひとりがお互いに貢献し合うことによって生存し、繁栄できるのです。この世界は一匹狼で生きていけるほど甘くはありません。

第二に、子どもの貢献は帰属心を高め、ひいては新しい学びのための確実で安全な基地となるのです。

このように帰属、学習、貢献は一つの鎖のようにつながっており、これらによってセルフエスティーム(注4)と勇気を育てることができ、それによって人生のあらゆる問題にも取り組むことができるようになるのです。このような子どもを私たちは「勇気づけられている子ども」と呼んでいます。

しかし、逆の場合もあります。例えば、もし子どもたちが安心できる居場所を見つけられなかったとき、子どもたちは学習したいと思う意欲を持てなくなってしまうかもしれません。あるいは、役に立たないと拒絶された場合、その子どもは自信をなくし、当然セルフエスティームも低くなるでしょう。

＊注＊

注1…抱く、ハグする、キスするなどのスキンシップ、愛する、遊ぶ、誘う、などによって得られる感覚。

注2…やり方を教える、自信を持たせる、機会を持つ、批判しない、間違いを受け入れる、子どもに関心を持つ、学び続けるなどが重要である。

注3…手伝ってもらう、意見を求める、努力を感謝する、責任を分け合う、協力を認める、援助するなどによってはぐくまれる。

注4…自分は価値ある大切な存在であり、何かができる能力があるという感覚や気持ち。

第4章 子どもが誤った行動をするとき

狂気は伝わる——親は子どもからもらうのだ。

サム・レーベンバーグ

子どもが誤った行動をするとき、親はどのようにすればよいのでしょうか。子どもの誤った行動には目的があるので、その目的を親が知ることができれば、子どもを理解するために役に立つでしょう。

子どもの行動の四つの目的

ルドルフ・ドライカースは人間の行動の四つの目的について研究しました。ドライカースの「誤った行動の四つの目的」がこの本の子どもの誤った行動を理解する場合の根拠になっています。それでは、基本的な行動目的をみていくことにしましょう。

1、接触（ふれあい）

私たちは帰属したいという欲求から、他の人たちと身体で、あるいは心からふれあいたいと思っています。抱かれたいという乳幼児の欲求は、生きていくために不可欠です。そして子どもは、スキンシップ、関わりを持つ、話をする、受け入れる、注意を向ける、認めるなど、違う形での接触を求めます。大人でさえも（むしろ、特に大人はと言うべきかもしれませんが）他の人との関わりに強い関心を持っています。クラブ、パーティー、友情、結婚などはこの強い欲求を示していると言えるでしょう。すべての人は、自分が価値ある一人の人間として自分の存在を認めてほしい、あるいは、ありのままの自分を受け入れてほしいと思っています。そして周りの人から尊敬されたり、愛されたいと思っています。

２、力

私たちは、周りの環境に影響を及ぼし、少なくとも多少は周りの環境に影響を与えたいと思っています。自分のやり方でものごとに取り組みたい、さらに、ものごとを引き起こす力を持ちたいと思っています。「知は力なり」という言葉があるように、私たちは学ぶことによっていろいろなことができるようになります。親としては、子どもたちが自分の力を伸ばしていくことができるように勇気づけたいし、将来子どもが大人になったとき、社会に貢献するために自分の能力を発揮してほしいと思うのです。

３、防衛

私たちが生存し、繁栄するためには自分と自分の家族を守らなければなりません。身体的なものであれ心理的なものであれ、周りからの攻撃を追い払い、安全に過ごしたいという本能的な欲求は、正義と防衛の複雑なシステムを発展させてきました。貢献することによって私たちの自己防衛が最高点に達するのです。つまり、私たちが隣人の生存と繁栄を援助するとき、隣人が絶望的になって私たちを攻撃することはないでしょう。このようにして私たち自身の保護は高められるのです。

4、退去

どのようなスポーツでも、リフレッシュするための休憩が必要です。絶えず接触を求めてくる子どもでさえも、ときには一人になる時間が必要です。また私たちの幼い頃の生存本能は、危険から身を引くことを知っています。身を引くことは、接触という目的と上手くバランスをとっているのです。

「人間の行動の四つの目的」という考えは、ルドルフ・ドライカースの考えを基にしています。彼はアドラー派の精神医学者であり、『子どもたち―その挑戦』という著書は親教育の分野で素晴らしい業績を残しました。ドライカースの否定的な行動の四つの目的は、子どもたちの行動を理解する私の考えの基礎になっています。また、ドン・ディングマイヤーとガリー・D・マッケイはドライカースのモデルから「子どもたちの肯定的な行動の目的」を提案しています。

勇気づけられた行動と勇気をくじかれた行動

〈ケース5〉

私が初めてアリソンとその両親に会ったとき、両親は「今まで娘のことでそんなに悩むことはなかったのです」と言いました。実際に私たちが出会う一年前までは、娘のことをとても可愛いと思っていたのです。

アリソンはいつも進んでお手伝いをしていました。自分から手伝いたくて仕方なかったのです。けれども残念ながら、アリソンはまだ小さくて、できると思われる仕事がほとんどなかったのです。ですから母親は娘を遊ばせておいて、一人で素早く家事をすませていました。ところがどういうわけか、アリソンはいつも影のように母親につきまとうようになってしまったのです。

例えば、母親が電話をかけているときに限って、アリソンが電話の側に来て邪魔をするのです。電話中の母親に自分が描いた絵を見せに来て「この色はどう思う？」と尋ねます。それから「お腹空いた。何か食べたいよ」「あたしの好きな赤いシャツはどこにあるの？」それから「ママー、今何時なの？」と次々に聞くのです。母親は話しかけられるたびに、電話を中断して、娘の一つひとつの質問に忍耐強く答えていましたが、本当はとてもイライラしていたのです。

〈コメント〉

このケースは子どもが接触という基本的な目的を求めている例です。アリソンは、もっと小さい頃には、お母さんのお手伝いをするという肯定的なやり方で、お母さんと一緒にいたいという「接触」という目的を達成しようとしていました。つまり、アリソンは母親のお手伝いをすることで自分を認めてほしかったのです。けれども母親がアリソンの「手伝いたい」という申し出を何度も断ったので、アリソンはがっかりし、ついには他の手段で母親の注目を得ようとしたのです。娘はどうにかして母親の関心を自分に向けるために様々なことをやっているのです。

〈ケース6〉

ダニーがおもちゃを片づけて夕飯に来るのを拒否し、母親から思いっきりおしりをぶたれたことを覚えていますか？　ダニーの反抗に対して、母親が感じたフラストレーションと怒りは親子の権力争いから生じる否定的感情なのです。ダニーも母親も「力」という目的を達成しようとしました。二人とも自分に力があることを見せつけ、相手を自分の思い通りにしよう、という思いがぶつかったのです。ダニーは母親に反抗することで、母親の思い通りにはならないということを示そうとしました。同じように頑固な母親も（たぶん、母親もかつては反抗的な子どもだったのでしょう）息子に何が何でも自分の言うことを聞かせようとしていたのです。この権力争いの行く末は、行き詰まりで終わりを迎えますが、またいつかくり返されるでしょう。

〈ケース7〉

アリソンの兄、デクスターは自分のことは何でもきちんとやっています。彼は優秀な学生で、クラスの人気者であり、バスケットボールのチームの一員です。今のところ両親ともまずまずのいい関係です。デクスターは自分を守るという目的に対して、肯定的なアプローチをとることができます。

アリソンは、幼い子どもがよくやるように、勝手に兄の部屋に入ってきます。ある時、アリソンは兄が科学の研究のために作製中だった模型を壊してしまいました。もちろんデクスターは怒りました。けれども妹に仕返しするのではなく、ファミリー・ミーティングに問題提起して、家族全員で話し合いました。その結果、アリソンは自分の責任としてガレージセールでおもちゃを一つ売り、壊した模型の弁償をすることになったのです。その後、デクスターは妹を責めることもなく、自分の大事な物は前もってクローゼットに入れてカギをかけるようにしました。

〈コメント〉

デクスターはセルフエスティームが育っており、ものごとに対して落ち着いて冷静な対応ができます。デクスターは妹にわがまま勝手にさせるのではなく、かといって妹をいじめたり、仕返しをするのでもありません。また、再び同じことが起こらないように対策を考えました。それにデクスターは相手を許しています。

〈ケース8〉

ジェイソンには、姉のリサの他にスーザンという妹がいます。リサは年長で一番上なので、ジェイソンがうらやましいと思っているたくさんの「特権」を持っているし、妹のスーザンは家族の皆から「可愛い末っ子」として特別な目で見られているので、真ん中のジェイソンは自分だけ取り残されたような寂しい気持ちになることが多いのです。さらに困ったことに、父親は一人息子のジェイソンに自分の理想を押しつけることが多く、たびたび批判的になります。そのたびにジェイソンは自信をなくし、その結果、ひがみっぽく攻撃的な子どもになっていきました。

最近、父親はジェイソンの嘘に心を痛めています。

先週のことですが、ジェイソンは月曜日までに読書感想文を提出しなければならなかったのです。土曜日の夜にジェイソンがテレビを見ていたとき、父親が「明日出す感想文はできているのか」と尋ねました。するとジェイソンは「もうできたよ」と答えたのです。

ところが二、三日経って、妹のスーザンが、ジェイソンの感想文がまだ出ていないので学校で問題になっている、と父親に告げ口をしました。それを聞いた父親はカンカンに怒ってジェイソンを叱りつけたのです。ジェイソンは「パパなんか大嫌い！　いつも怒鳴ってばかりで大嫌いだ！」と叫んで部屋から飛び出していきました。

父親は息子が投げつけた言葉と嘘に傷つき、「週末は外出禁止だ！」と言って、ジェイソンを罰したのです。しかし、それでもジェイソンは土曜日の午後も自転車に乗って出かけてしまい、二時間も帰ってきませんでした。そのうえ、父親に告げ口をしたスーザンの腕を強く叩いたのです。それで再び父親からこっぴどく怒られたのでした。

〈コメント〉

子どもが自分を守るために復讐という手段をとるとき、その子はたぶん心が傷ついており、それを癒そうとしているのです。不幸なことに父親とジェイソンのケースのように復讐すれば逆効果になって、さらにもっと深く傷ついてしまうことになるのです。父親もまた息子の仕返しに傷つき、息子を罰することで息子をさらに傷つけ、復讐心を呼び起こし、再び仕返しをするようにさせたのです。

一方、妹のスーザンは「二人をけんかさせよう」という、ちょっとしたゲームをしています。スーザンは、告げ口することによってジェイソンをトラブルの中に巻き込み、自分は悪くないようにみせたのです。それからスーザンはジェイソンが腕を叩いて仕返ししたときにも、父親に助けを求めることができます。父親がスーザンとこのようなゲームをすることによって、無意識にジェイソンの復讐心をあおり、スーザンには犠牲者になることを教えているのです。

〈ケース9〉

あなたは第3章でとりあげた、生物学の成績についてのリサと父親の会話を覚えているでしょう。リサはイライラして不機嫌になった父親との話し合いの後で、次の試験では嫌々ながらも努力したのです。その結果、あのグリーン先生から運良くDの成績をもらいました。しかし、それでも父親は喜ばなかったのです。そして「私はおまえのために、時間を無駄にしているだけなんだろうな」と言ったのでした。明らかに父親は娘に対して嫌悪心を表しています。

その後、リサはとても楽しみにしていた大切なダンスのデートにも行く気がしなかったのです。まるで目の前で自分の人生が粉々に崩れ落ちていくような感じでした。母親は娘がずっと自分の部屋に閉じこもっているのに気づいていましたが、どうしてよいのかわからず、ただ途方に暮れるばかりでした。

〈コメント〉

リサは何もやる気が起こらなくて、部屋に引きこもってしまいました。これ以上の傷つきや失敗を避けようとしているのです。まもなく本当に何もしようとしなくなるかもしれません。例えば学校へも行かなくなる、やけになってドラッグにはしる、ついには自殺をしようとする――こういうこともすべてあり得ることです。

このような場合、リサの自信を取り戻すためには、両親からのたくさんの励ましと、学校との話し合いの努力、さらには専門家によるカウンセリングもしばしば必要になります。ときには一時的にそのまま静かに見守ることもあるでしょうが、子どもはほんの少しの手助けと、多すぎるほどの勇気づけで乗り越えていくことができるかもしれません。

子どもの行動の四つの目的とその対応――決まりや筋道からはずれた行動

子どもの誤った行動（決まりや筋道からはずれた行い）を目にしたとき、「この行動の目的は何なのか」と自問してみると、子どもがなぜそのような行動をしているのかを、もっとよく理解できるでしょう。子どもの行動の目的を知るためには、次の二つの考え方の基準が役に立ちます。第一はその行動に対するあなたの感情です。あなたはどのような気持ちなのでしょうか。イライラしているのか、怒っているのか、傷ついているのか、それとも無力感を感じているのでしょうか。第二の基準はあなたの行動に対する子どもの反応です。子どもの反応はたいていそれぞれの目的によって違うのです。

1、過度の注目を求める

子どもが過度の注目を求めるとき、その背後にあるのは、大人の注意を引かない限り自分には価値がない、という思い込みです。そこで子どもは大人の注意を自分に引きつける方法を見つけ出します。例えば、「できない」「忘れた」と言ったり、怠けたりして、親が「こうだったでしょう?」「忘れちゃったら、ママが教えてあげるわ」と構ったり、優しくなぐさめたりしてくれるようにして、どうにかして注目を得ようとするのです。他にも目立つように過剰にふざけたり、絶えず質問したり、うるさくつきまとったり、わざと邪魔になったりすることで、親の注目を得ようとしているかもしれません。

このような行動に対する親の反応はふつう苛立ちです。親がその苛立ちを表現すると、子どもの反応は予想できます。つまり子どもは一時的に、目を引こうとする行動をやめるのですが、しばらくすると再び同じようにやり始めて、親の注目を得るという行動の目的を達成するまで続けるでしょう。

どうしたらよいか

もし、注目を得ようとする子どもの言動に対して、あなたがイライラし、嫌々ながら説明したり、思い出させたり、うるさく小言を言うことは、それはまさに子どもが求めている「注目」を与えることになるのです。子どもの「思うつぼ」にはまらないためには、次のようにすることができます。

子どものイライラさせる言動を見ないようにして、もしできれば子どもから離れてみます。そして子どもが期待していないときに充分な関心を向けるのです。こうすることによって、子どもは否定的な行動をしなくても関心を向けてもらえる、ということを体験します。子どもは、親から何かをしてもらおうとするよりも、役に立つことによって自分の居場所を持つことができる、ということを学ぶのです。最後にどうしても上手くいかない場合には、しつけとして論理的な結果を使います（論理的な結果については第8章で述べています）。

〈ケース5（もう一つの解決）〉

母親が電話をかけている最中に娘のアリソンが邪魔をしたとき、母親は娘に優しいけれど、毅然とした言い方で「アリソン、お母さんは今、電話をかけているの。電話が終わったら、あなたと話すから、電話が終わるまで静かに遊んでいてね」と言うことができます。もっと良いアイデアは、キッチンタイマーを一定の時間（例えば十分）にセットして「十分たってブザーが鳴ったら、あなたが私に話す番よ」と言うこともできます。母親はそれ以後の娘の邪魔は無視し、電話が終わった後で、アリソンの話をしっかり聞くことができます。もし、アリソンの邪魔がエスカレートして、母親が電話を続けられなくなったら、母親は電話を少しの間中断して、アリソンに選択を与えることができるでしょう。例えば、「お母さんの電話が終わるまで、ここで静かに遊んでいるか、それとも自分の部屋で遊ぶか、どちらかあなたが選んでちょうだい」と言うこともできます。それでもアリソンが邪魔をするならば、アリソンを自分の部屋に連れていきます。電話の向こうの母親の友だちは、娘に「しつけ」をするくらいの時間は待ってくれるでしょう。

2、反抗

両親よりも力があることを示したいと思っている子どもは、支配権を握ったり、勝負に勝ったときに、自分には価値がある、という歪んだ考え方をしています。親を降参させるために、癇癪を起こしたり、頼まれたことを頑なに拒否したり、あるいは無視するかもしれません。他にも子どもは無茶なやり方で自分を通そうとするかもしれません。ここで降参しない親は、たぶん闘うでしょう。反抗的な子どもに対する親の反応は怒りです。親が子どもとの権力争いに巻き込まれると、子どもはますます意固地になり、もっと強い態度を示し、親との闘いをエスカレートさせていきます。親が怒り、子どもを抑えつけようとすればするほど、子どもも闘わざるを得なくなります。

どうしたらよいか

あなたは子どもが期待するような反応を避けることです。つまり、子どもと闘うことも、子どもに降参することもしない、ということがポイントです。あなたはその葛藤から身を引いて、毅然としながらも優しい態度で、状況をこれ以上悪化させないようにすることができます。一方が話すことをやめれば議論を続けることはできませんし、また、一方がその場から離れると、それ以上闘いを続けることはできません。けれども時間が経ち、お互いの感情がおさまったら、その権力争いがどうして起こったのかを考え、前向きな話し合いをしなければなりません。その時に他の解決方法について話し合ったり、お互いに意見を言うことで相手の立場を理解し、歩み寄ることもできます。

〈ケース6（もう一つの解決）〉

ダニーの反抗に対して、母親は息子が夕飯に来るのを拒否しているのは権力争いをしかけようとする息子の挑戦だということに気づくことができます。もし母親が闘うか、あるいは降参すれば息子の挑戦を受け入れて、闘いに負けることになります。ではどのように対処すれば息子の反抗に巻き込まれることなく、闘うことも降参もしないということができるのでしょうか。

母親はまず自分がどうするのかを決めておきます。前もって夕飯の時間を息子に伝えておくことができます。ここでもまたキッチンタイマーはとても役に立ちます。「ダニー、タイマーを五分にかけてくれる？　タイマーが鳴ったら、ご飯の時間だからね」。もしタイマーが鳴っても、ダニーが来なかったら、母親はダニーに「今、夕飯を食べて、その後でテレビゲームをするのと、テレビゲームは明日までおあずけにするのと、どちらがいい？」と選択を与えることができます。また他にもダニーが夕飯を食べないことを許すことだってできるのです。つまり「ダニー、すぐに夕飯に来るか、それとも今は片づけてしまって、明日の朝、食べるのと、どちらがいい？」と言うこともできます。どちらの場合でも母親はダニーにどうしたいのかを決めてもらう間、穏やかな態度で待たなければなりません。

3、復讐（仕返し）

権力争いがエスカレートし、親から頭ごなしに抑えつけられると、ほとんどの子どもが復讐心を抱きます。特にいつも子どもが敗北を感じていたり心が傷ついている場合には、親であっても仕返ししたいと思うものです。その時の子どもの気持ちは、自分を守る最善の方法は傷つけ返すことであり、平等であるためには「目には目」をもって復讐（仕返し）することだと考えるのです。理屈に合いませんが、子どもは仕返しすることによって平等になると信じているのです。けれども親は子どもから仕返しされると傷つきます。そして、子どもが嫌になり、なぜ自分がこんな目にあうのかと落ち込むかもしれません。また、親が子どもを罰しようとすれば、子どもの誤った行動はますますエスカレートするでしょう。

どうしたらよいか

ここでもまた、親は感情的にならず、傷つけ返したいという誘惑を避けることです。そして、自分も身体的にも心理的にもこれ以上傷つけられないようにします。

気持ちが静まったら、子どもと建設的な話し合いをし、それでも誤った行動がくり返されるようであれば、論理的な結果を設定しなければなりません。

〈ケース8（もう一つの解決）〉

ジェイソンの仕返しに対して、父親はまずなぜ息子が嘘をついたのか、もしかすると息子も何かに傷ついているのではないか、などと気づくことが大事です。また父親は自分の怒りをエスカレートさせるのではなく、父親自身も傷ついたことを息子に伝えることができます。例えば、「ジェイソン、君がレポートのことで、嘘をついたことがわかったとき、私はがっかりして、傷ついたんだよ。もしかしたら日頃気づかないあいだに、君を傷つけていたのかもしれないね」。父親は息子と話し合うことによって親子の気持ちのズレや誤解に気づくことができるでしょう。これからはもっと二人の関係が上手くいくようにお互いに歩み寄ることができるかもしれません。父親はまた、第7章にあるような豊かな家族関係を築くやり方を使って、さらにより良い親子関係を築いていくことができるでしょう。

4、回避

ことごとく勇気をくじかれた子どもは人生を投げ出してしまい、すべてにやる気がなく、何をするのも否定的になります。また親の期待を避けるために、できないふりをするかもしれません。「私にはできない」という子どもの態度は初めからあきらめており、当然失敗の危険もありませんが、誰からも期待されないように自分を守っていると言えます。このような態度に対する親の反応は無力感です。このような状態のときに親が無理に何かをやらせようとすれば、抵抗や消極性がさらに増すことがあります。

どうしたらよいか

子どもを忍耐強く受け入れ、勇気づけることです。もしかすると子どもは、本当に自分はどうしようもなくダメな人間なのかどうかを確かめるために「できない」ということを誇張しているのかもしれません。まず子どもが自信を持ってできるような小さな「仕事」をさせてあげましょう。子どもができることを探して少しでも成功感や達成感を楽しませ、さらに勇気づけを与えるようにしましょう。

〈ケース9（もう一つの解決）〉

リサの「生物学が苦手」という問題に対して、父親は自分も娘の問題に一役買っていることに気づくことができます。なぜなら、父親の完全主義と批判は、さらに娘の自信を奪っているからです。父親の愛と尊敬に値するような価値ある人間になるために、リサは生物学で（あるいは学校で）優秀な成績をとる必要はないということを、父親は受け入れなければならないかもしれません。娘の努力を認め、困難を乗り越えていくことができるように、娘を勇気づけることが大切でしょう。

第5章 親が誤った行動をするとき

五歳児を扱うとき、本当に怖いのは、あなたが五歳児のようになってしまうことだ。

ジーン・ケール

以前私が子どもたちに、「あなたの両親が誤った行動をしたとき、あなたはどうしますか」という質問をしたときの子どもたちほどあなたは驚かないかもしれませんが、この章のタイトルを読んで不思議に思われた方もいらっしゃるかもしれませんね。確かに私たちはふつう「親が誤った行動をする」とは思っていません。しかし親も人間であり、すべての人間は過ちを犯します。ついうっかり間違うこともありますし、確実に「間違っている」という行動もあります。

親が誤った行動をするとき、子どもたちも自分なりの誤った行動をして応えようとします。これまでみてきたように、誤った行動は、接触、力、防衛、退去、という目的に到達できる一つの方法なのです。では子どもたちが過度の注目を求める、反抗する、仕返しをする、引きこもる、というような否定的な関わり方をするのはなぜなのでしょうか。

それは、たぶん勇気をくじかれた子どもの思いや気持ちからくるのです。この勇気をくじかれる体験は両親の誤った行動から生まれてくる場合もあります。この親の誤った行動を「勇気をくじく親の行動」といいますが、それは確実に子どもの勇気を奪うものです。

親は子どもの勇気をくじくつもりはありません。現に親は自分の言動が子どもの勇気をくじいているとは思ってもいないのです。親は子どものために良かれと思い、道徳的に説明したり、勇気づけたりしようとしているのですが、食い違いが起こってしまうのです。

それは、親が子どものことをよく理解していないためです。つまり子どものことについて学んでいないために理解できないのです。また、親はこの言葉で子どもを傷つけ、勇気をくじくだろうと思ってはいるのですが、フラストレーションを感じたり、疲れや怒りという感情が、親の誤った行動を助長させることもあります。

他にも、子どもの頃に親から言われて傷ついた言葉を知らず知らず子どもに言ってしまう、という不思議な体験をすることもあります。かつて自分の子どもには決して言うまいと誓った、まさにその言葉が自分の子どもの頭上に酸性雨のように降り注ぐのです。

この章では、親が子どもの勇気をくじくやり方を載せています。親の誤った行動について書かれた箇所を読むとき、あなたは自分の過ちに気づかれるかもしれません。その時に自分を責めたり、罰したりさえしなければ、過ちに気づくことはパワフルな動機づけになります。完全な親はいないし、完全な親になることが目的ではないという、第１章の肯定的自己暗示を思い出して下さい。しかもこれまであなたが子どもの勇気をくじいてきたとしても、これから正していくことができるのです。まず、子どもの勇気をくじくことをなるだけ少なくして、それから「勇気づけ」を増やしていきましょう。

勇気がカギである

小さな男の子が、暗がりを怖がっていました。それはまだコンビニエンス・ストアがなく牛乳が家に配達されていた時代のことです。

ある朝、外がまだ暗いとき、母親がその男の子に牛乳を取ってきてくれるように頼みました。その子は玄関のドアのところまで行きましたが、外がまだ暗いので怖くなりました。母親はその子を安心させようとして、「大丈夫だよ。外には神様がいておまえを守ってくれるから」と言いました。

その子は母親の顔を見て、何だかちょっぴり自信が湧いてきたように感じました。玄関のドアのノブを開けるとき、男の子の小さな手はほんのちょっとでしたが震えていました。母親は、息子が言うことを聞いてくれたので嬉しそうでした。すると、その男の子は暗闇に手を伸ばして、大きな声で「神様、もし、そこにおられるなら、ぼくに牛乳を手渡して下さい！」と叫んだのです。

私たちは失敗することや、拒絶されることを恐れ、いろいろなチャンスを逃してきたのではないでしょうか。いざというとき、それに向かっていく勇気、危険をおかす勇気、失敗する勇気、さらに成功する勇気さえ持てなかったのではないでしょうか。けれどもそれでいいのです。私たちはあの小さな男の子のように、誰か他の人が自分に牛乳を手渡してくれて、自分では危険をおかさないで済むようにしてくれるのを望んでいるのです。

しかし、この人生において自分自身や、自分の子どもに必要な資質や、あるいはスキルの中で、危険のないものはあるのでしょうか。私は何もないと思うのです。愛、正直、責任感、協力精神、信頼、忍耐……すべて危険な要素を含んでいます。だからこそ、すべてはやってみる勇気が必要になってくるのです。

しかし、勇気は盲目ではありません。勇気とは目標のために、もし危険であってもそれを承知でやることなのです。そして、「勇気がカギである」という言葉には「知る」ということが含まれています。つまりその目標は危険をおかすに値するかどうかを知ることです。そうでなければわざわざドラッグで自分の身体を壊すティーンエイジャーに対しても勇気があると言わなければならないでしょう。無謀は勇気ではないのです。無謀であれば本当の危険が見えなくなり、自分の本当の目的にも気づかなくなってしまうのです。

勇気をくじく落とし穴

子どもが勇気を学ぶためには、親の積極的な勇気づけが必要です。しかし親は、しばしば次の四つのやり方で子どもの勇気をくじきます。

1、否定的な期待をする
2、間違いばかりに注意を向ける
3、完全を期待する
4、過保護になる

あなたが次の勇気をくじく落とし穴について読むときには、どうぞ、子どもの気持ちになって読んで下さい。これらの落とし穴が実際にどんなに勇気をくじくかを感じて下さい。

1、否定的な期待をする

もし、あなたが信頼し、尊敬している人たちが、あなたの能力を信じなければ、あなたもたぶん自分の能力を信じようとしないでしょう。その人たちがたとえ言葉に出して言わなくても、あなたは相手の言動や態度から、自分がどのように思われているのかを知るでしょう。こういうことは敏感に感じます。もちろん「おまえはまだ、そんなことをしてはダメだよ」「もっと大きくなるまで待ちなさい」とか「私がいないとき、勝手にベッドの上で跳び上がって遊んだらダメよ」とはっきりと意見を言われることもあります。

〈ケース10〉

土曜日の朝、ダニーは「ぼくのシリアルはぼくが自分でやるよ」と言いました。「ママ、ぼくはこぼさずに自分でできるよ」。ダニーは誇らしげです。しかし、母親は心配そうに「ダメよ。あなたはまだ小さいから、きっとこぼしてしまうわ」と言ったので、ダニーはがっかりしました。けれどもダニーがどうしても自分でやりたい、と言い張ったので、母親は仕方なく自分でさせることにしました。そして一言注意しました。「わかったわ。だけど、こぼさないように注意するのよ」。

ダニーは母親の言いつけを守ってこぼさないように皿の中にシリアルを入れて、それから牛乳を注意深く注ぎました。皿はかなりいっぱいになり、ダニーはまるで綱渡りの芸人のように、朝食のテーブルのほうにおっかなびっくり歩いていきました。母親は何も言わず、キッチンから心配そうに見ています。ダニーはやっとこぼさずにテーブルにたどり着き、皿を「ストン」とテーブルに置きました。その拍子に牛乳が皿からあふれ、シリアルが「ザザーッ」とテーブルにこぼれてしまったのです。

「ほら見てごらん！」すかさず母親は息子を叱りました。

「だから、こぼすと言ったでしょう！　余計な仕事が増えたじゃないの！」

〈コメント〉

子どもたちは親の期待に応えようとします。たとえそれが否定的な期待であろうともです。「あなたには無理、きっと失敗するに決まってるわ」という母親の否定的な期待は、現実にその通りの予言になるのです。母親の不信頼が息子の不安を大きくし、今度はそれがダニーの緊張を高めることになります。この緊張のためにスムーズに身体を動かすことができなくなるのです。

2、間違いばかりに注意を向ける

もし、あなたが信頼し、尊敬している人たちが、いつもあなたの悪いところばかりを指摘するならば、あなたは自分には良いところよりも、むしろ悪いところが多い人間なのだと信じるようになります。そして自分の間違いや失敗ばかりに注意が向くので、正確にやることがますますできにくくなります。成功のための能力さえ失ってしまい、当然の結果として失敗を期待するようになります。そしてあなたの中の「どうせ、できないんだ」という思いが進歩や成功を遠ざけ、ついには、やってみようともしなくなるでしょう。

〈ケース11〉

ジェイソンが参加しているリトルリーグのチームは、ジェイソンがかなりの活躍をしているわりには、成績はかんばしくありません。かつては優秀なスポーツマンだったジェイソンの父親は、ほとんどの試合に顔を出して、チームを応援してきました。

ある試合でジェイソンはすでに二回のヒットを打ち、チームはリードしていました。ところが二アウトでランナーは三塁、バッターはジェイソンが守っているポジションに向かって、強いゴロを打ってきたのです。ジェイソンはこのようなプレイには慣れていたはずなのですが、どうしたことか、ボールはジェイソンのグローブから飛び出してレフトフィールドに入ってしまい、ジェイソンのエラーになってしまいました。そのためランナーは一点を追加し、ジェイソンのチームは、結局その試合に負けたのです。

家に帰る車の中で父親は息子のエラーのことばかりを言いました。

「いいかい、きみはすべてのプレイに集中しなければいけないんだよ。もし、きみが私たち二人で練習していたときのように、グローブの中に入るボールをしっかり見ていたら負けることはなかったんだよ」

「わかってるよ」

ジェイソンはすっかり気を落として言いました。父親はさらに続けて、

「きみが最後にバットでゴロを打ったときも、きみはボールから目を離してしまったね」

「そうじゃないと思うけど」

ジェイソンは今にも泣き出しそうな声で言いました。

「だけどがっかりすることないさ。きみはきっと、もっと上手くなるさ」

父親は気分を変えようと、そう言ったのです。


〈コメント〉

ジェイソンはプレイがもっと上手になるかもしれません。しかし、上手くなったとしても、それは父親から勇気をくじかれたにもかかわらず、であって、勇気をくじかれたおかげではないのです。父親は試合の悪かった点ばかりに気をとられてしまい、ジェイソンを心から応援するチャンスを失ったのです。父親は息子の失敗をくり返し責め、息子の勇気をくじき、息子が失敗から学ぶことを奪ってしまったのです。

私たちは確かに自分の過ちから、多くのことを学ぶことができます。しかし成熟した大人でさえ

自分の過ちをしっかりと受け止めるには勇気が必要です。その勇気を得るためにも失敗したことよりも、よくできたことをもっとたくさん言って励ましてもらう必要があります。

ジェイソンの父親は、まずヒットを打ったこと、フィールドでのガッツのあるプレイ、試合に対する真剣さ、チームワーク精神などに注目することによって息子が自分の失敗をくり返さないようにもっと援助することができるのです。

3、完全を期待する

もし、あなたが信頼し、尊敬している人たちが、あなたができること以上のことをもっと期待するなら、あなたはきっと「誰も満足させることは決してできない」と感じ始めます。例えば「あなたはもっと上手にやれたはずだ」と言われると、「自分は本当は上手くやれなかったんだ」と感じるのです。あなたは「これ以上精一杯努力しても進歩しないのではないか」と思い始めます。「たとえどんなに努力しても、満足させることはできないだろう」と思うと、やろうと思っていたことをやめてしまうかもしれません。そして歪んだやり方で点を稼ごうとするかもしれません。例えば、最悪な「悪人」になることで、一番をめざすかもしれません。

〈ケース12〉

リサが学校に行こうとしていると、母親が呼び止めました。

「リサ、今朝は支度をするのにすごく急いだのね」

「どういう意味なの？」

リサは警戒しながら尋ねました。

「あなたの髪だけど、今日はよくブラッシングしていないように見えるんだけど」

「お母さん！　その話はもう前にしたでしょう」

リサは怒った口調で言いました。

「わたしの髪はいつもの通り、これでステキよ」

「そう。でも、もうちょっと時間をかけたら、もっとステキになるのに。何だか鳥の巣みたいに見えるわ。あなたがその気になれば、もっと綺麗にできるはずよ」

「それならたぶん、わたしは綺麗にする気がないんでしょうよ！」

そして、最後にリサは叩きつけるように言ったのです。

「お母さんみたいに完全にやれる人ばかりじゃないわ！」

〈コメント〉

リサはどんなに一生懸命にやっても、誰かの期待に応えることはできないように思えるのです。

母親は自分の完全主義のスタイルに合う基準を決めて、それをリサに押しつけようとします。母親は娘の個人的なスタイルに対する寛容さが欠けています。

このような完全主義（つまり何をやっても決して充分ではないというメッセージ）が子どもに与えるプレッシャーは、子どもをひどく落胆させます。このように勇気をくじかれると逆効果になってリサは自分の身だしなみに全く構わなくなってしまう場合もあります。

4、過保護

もし、あなたが信頼し、尊敬している人たちが、この世界がどんなに危険に満ちあふれ、生きていくことがどんなに大変であるかということを、いつもあなたに教えるならば、あなたは生きていく自信を持てず、何でも人に頼ろうとするでしょう。また、あなたの過ちの結果を体験させずにいつも誰かが後始末をしてくれるならば、あなたは、自分は何でもできるのだ、と信じるようになります。けれども奇妙なことに内心ではあまり自信がないのです（あなたは自信のなさを隠そうと、過度に自信たっぷりに振る舞うかもしれませんが）。

〈ケース13〉

アリソンが小学一年生になって数カ月が経ちました。すべての教科で何の問題もありませんでした。しかし、ただ一つだけ、お弁当だけは別でした。毎朝、母親は娘がお弁当を忘れないように、とウンザリするほど何回も言うのですが、アリソンは少なくとも、週一回は忘れて行きました。母親はどうしたものかと悩みながらも、忘れたときは仕事に行く途中に学校に寄ってお弁当を届けています。

〈コメント〉

アリソンの母親は、娘がお弁当を忘れたことの当然の結果である「空腹」を体験させることなく、状況をさらに悪くさせているのにお気づきでしょうか。まさしく母親は娘を過保護にしています。過保護と私が言うのは、一食を抜いてもそんなに危険ではないと考えるからです。アリソンは「忘れる」という自分の過ちから何も学んではいません。お弁当を忘れるとどういう結果になるか、空腹を経験して学ぶことがなければ、アリソンがこれからもお弁当を忘れることはしばらく続くでしょう。

もしかするとアリソンにとってお弁当を忘れることは、母親にもっと甘えたり、もっと構ってもらうための、うまい方法かもしれません。またあるいは、自分はひとりでは何もできないと思い込んでしまうかもしれません。過保護はこのように、誰かの助けがなければ自分ではちゃんとできないという感覚を育てますが、それは子どもにとって勇気をくじかれることなのです。

その他の誤った行動

親が子どもの勇気をくじく落とし穴についていくつかあげてきましたが、親の誤った行動は他にもあります。例えば、「1、虐待」「2、おだやかなネグレクト」「3、親自身のケアをしない」「4、否定的なモデルになる」です。このような親の誤った行動は、ほとんどの子どもに誤った行動を生み出すことでしょう。

1、虐待

私たちは多くの親が虐待しているという悲劇的な事実に気づくようになってきました。虐待には次の四つがあります。

1、身体的に子どもを傷つける
2、心理的に言葉や態度で傷つける
3、ネグレクト（衣食住や子どもの適切な保護、あるいは世話をしない）
4、性的虐待

子どもを虐待している親は、カウンセリングやグループでのサポートを必要とします。勇気を出して地域のメンタルセンターや児童相談所に相談し、援助を求めることができます。また教師や医師、近所の人が虐待に気づけば、これらの機関や警察に知らせることで救われる人もいます。

２、おだやかなネグレクト

「おだやかなネグレクト」というのは、私が親の放任を表現するために使っている用語です。子どもは衣食住や世話は充分与えられているのですが、とても大切なもの、つまりふれあいが欠けているのです。このような現象が増えているのですが、両親は仕事や遊び、あるいは夫婦げんかなどにあまりにも忙しく、子どもがそこにいないかのように扱うのです。不幸なことに、このような親がしだいに多くなっています。

もしかすると問題は夫である男性にあるのかもしれません。男性は何世代にもわたって、人生で本当に重要なことはすべて家庭の外で、つまり会社や工事現場などでの仕事や野球の試合だけであるかのように振る舞ってきました。家庭の中で起こることには「大したことはない」と関心を示してこなかったのです。そして、長い間子どもたちを静かに無視してきたのかもしれません。

子どもたちにとって幸せなことに、夫の代わりに妻たちがそれをカバーしてきたのです。妻たちは夫婦二人の仕事を一人で引き受け、犠牲になり、アクティブ・ペアレントになってきたのです。それでも私たちは子育てを重要であると認めず、そんなに大変なことではなく、やり甲斐のある仕事ではないと思ってきました。しかし今こそ男性と女性がともに、これまで家の外に注いできた仕事の時間やエネルギーを家庭に向けなければ、誰も家庭の基盤を補っていく人はいません。子どもたちは静かにネグレクトされているのです。

その解決方法は二つあると思います。まず優先順位を変えることです。子育ては私たちのもっとも重要な仕事であり、それはまた、もっとも人間的な仕事であり、だからこそ心から満足のいく創造的な仕事だと言えます。

第二に、家庭の外の仕事は夢中になるほど頑張らなくてもいいのです。私たちは同時にたくさんのことはできません。もちろんすべてを完璧にやることもできません。たとえチャンスがあったとしても、時には見送る必要があります。私たちは世間をあっと言わせる必要もないのです。外では適度に仕事をし、本当に大事な仕事は家族と一緒の家庭の中にあることをはっきりと認識する必要があるのです。

3、親自身のケアをしない

アクティブな親であることは、多くのエネルギーを必要とします。ところが、私たちは疲れたときやよく眠れなかったとき、また充分な食事を摂らなかったときに、エネルギーが少なくなってしまいます。するとイライラし、攻撃的になります。タイミング悪くこういうときに権力争いに巻き込まれると、子どもの勇気をくじく言動に陥りがちになるのです。ですから親であるということは、自分自身を大切にすることも含まれるのです。これは単に規則正しい食事、充分な睡眠、適度な運動の習慣を持つということだけではなく、子どもから離れる時間を持つということも含まれます。静かなネグレクトで強調したように、適当に時間を取るのがいいのですが、もし一日のほとんどの時間を子どもと一緒に過ごしているのなら、自分のための充分な時間が取れず、自分自身のケアが充分にできないでしょう。

子どもが小さければ小さいほど多くの時間とエネルギーが要求されます。子どもが幼児であっても休息だけではなく、スポーツやレクレーションの時間を取ることが大切です。それに、できる限りパートナーに手伝ってもらうようにしましょう。また親戚や祖父母はきっとあなたの大きな助けになってくれるでしょう。他にも近所の子育て仲間と交代してお互いの子どもの世話をしたり、あるいは短時間ベビーシッターを雇うこともいいでしょう。

夫婦関係にも時間とエネルギーが必要です。親が自分のパートナーをおろそかにすれば、そこから生まれる不満や緊張は家族のすべての人にとって破壊的な影響を与えます。ここでもバランスと、適度であることがカギです。もしあなたがシングルマザーか、シングルファザーであれば、社会生活にとっても自分を大切にする時間とエネルギーのバランスが必要だと思います。

4、否定的なモデルになる

社会的な学習理論では「子どもたちは自分の体験から学ぶ」と言われています。私たちが行動を通して実例を示すことを、モデリングと呼びます。行動を通して価値観や信念を表すとき、子どもたちは、じっと見つめ、耳を傾け学ぶのです。事実、子どもたちは私たちが「言うこと」よりも、私たちの「すること」のほうに、より関心を示します。「私がするようにではなく、私の言うようにしなさい」という忠告はまったく役に立ちません。自分が言っていることと、していることに食い違いがあれば、信頼を失うだけではなく否定的なモデルを与えることになります。ですから子どもたちに、役に立つ資質や価値観を学んでほしいと願うならば、私たちはまず、そのように生き、子どもたちのモデルになることが大切なのです。

罪悪感と許し

子どもを育てていく中で多くの落とし穴があることを書きましたが、この章を読んでいくうちに少し辛くなられた方もあるかもしれませんね。少なくとも、あなたはこれまでにやってきたいくつかの過ちを思い出すでしょう。もしあなたが過去の失敗したことにこだわっているのなら、「不完全である勇気」というドライカースの言葉を思い出してみましょう。

さて、ここであなたは自分の不完全さを許して過ちを正していくか、あるいは自分を責め、罰し、今後も誤った行動を続けていくかの選択をすることができます。わかっているのは、変化への道を拓くのは、罪悪感ではなく、許しなのです。罪悪感は過ちを続けるために支払う代価にすぎません。今、あなたが感じている罪の意識からすぐに「さようなら」して、あなたが今までよく努力してきたことに、思いを寄せてみませんか。

パート2
アクティブ・ペアレンティングのメソッド

第6章 勇気を育てる

植物が水を必要とするように、子どもたちは勇気を必要とする。

ルドルフ・ドライカース

人生の中で必ず出会うさまざまな困難に、子どもが勇気を持って立ち向かうように準備することは、アクティブ・ペアレンティングのもっとも大切な目的の一つです。勇気はさまざまな選択が必要になる今日の複雑な世界の中で大変重要な資質ですから、私たちは自分のパーソナリティーを築き上げる基盤は勇気であると主張してきました。

勇気は「心」を意味するフランス語からきていますが、責任感や協力精神、そして愛などの、私たちが得たいと思う資質を発展させるようになる心の核と言えます。私たちはすでに、親が子どもの勇気をくじくという四つのやり方を学んできました。それでは、今度はどのようにすれば子どもを勇気づけることができるのか考えていきましょう。

信頼を表す

あなたが子どもの能力を信頼することによって、子どもは安心して努力し、そこからさらに成長していくことができるのです。親が示す子どもへの信頼が支えとなって、子どもは自分が才能や能力や力を持っていることを発見することができます。子どもに信頼を示す方法としては、子どもに責任を持たせたり、子どもの意見を聞いたり、あるいは子どもに援助の手を出したい誘惑に乗らない、ということがあげられます。

1、子どもに責任を持たせる

「あなたはできるよね」と言って、子どもに責任を持たせることは信頼を表す方法の一つです。もちろん子どもにできる能力があることを知ったうえで、責任を持たせる必要があります。

2、子どもの意見や助言を求める

子どもは成長するにつれて、特にティーンエイジャーになると、親が自分の知識や判断を頼りにしてくれるのを喜びます。子どもに助言を求めるということは、子どもの意見を信頼しているということになります。子どもに「あなたの知っているやり方を教えてほしいの」と頼むとき、子どもの知識や技術を信頼しているということになるのです。また、親が子どもに頼むことは、子どもの自己価値観を支えることにもなるのです。

3、援助の手を出すのを控える

子どもが失望し落胆しているときに、親があえて援助の手を出すのを控えることも、子どもへの信頼を表すことになります。子どもに代わってあなたがやってあげないことです。あなたにとっては容易いことで子どもが困っている場合には、代わってあげたいという誘惑は大きいものです。しかしその誘惑に負けてしまえば、子どもが何かの仕事や計画を最後までやり通す能力を信頼していないということを表すことになります。

親がむやみに手を貸すことは、子どもを勇気づけることにはなりません。それは子どもの勇気をさらにくじくことになるのです。親がすぐに手助けするような子どもは、フラストレーションに耐えることができなくなることが多く、物事がうまくいかなかったりすると、癇癪を起こします。なるだけ援助の手を控えて、勇気づけてあげましょう。

〈ケース10（その後）〉

ダニーの母親は息子を信頼していないこと（どうせこぼすに違いないという否定的な期待）が息子の勇気をくじいただけではなく、実際にシリアルをこぼすように仕向けたということに気づきました。母親は自分の過ちを責めるのではなく、それを学びのプロセスと考え、息子を信頼する方向へと変わり始めました。そして息子に信頼を示すチャンスがどんなにたくさんあるかに驚いたのです。

「ダニー、パンケーキを作るんだけど手伝ってくれる？　これを混ぜてくれるかな？　とても上手にできるよね」「今夜はどっちのパジャマを着たい？　青いのがいい？　それとも、宇宙の？」

さらに母親はもう一度ダニーがシリアルを皿に入れて、テーブルに運ぶチャンスを窺っていましたが、ダニーは皿を運ぶのを避けているようでした。

一週間ほど経って、母親はシリアルに牛乳を入れてカウンターに置いたままにしました。「ダニー」と母親は息子を呼びました。そして「あなたはシリアルをこぼさないでテーブルまで持ってこられると思うけど、やってみない？」

母親に信頼されていることを感じたダニーは目が輝きました。けれどもこの間のことを思い出すと、ダニーの表情は一瞬、こわばりました。「きっとできるわよ！」母親は力強く励ましました。ダニーが皿を持ち上げて歩き始めると、母親は「そうよ、上手い、もうちょっとだよ」と言いました。ダニーはテーブルの上にそーっと注意深く皿を置きましたが、ごくわずかなシリアルが皿の縁からこぼれました。「それでいいのよ」母親が言いました。「よくやったわよ。はい、フキン」。ダニーがこぼれた牛乳を拭くと、母親は「きっと、この次はこぼさないでやれると思うよ」とつけ加えました。

子どもの良さを伸ばす

子どもの気になる点から、良いところに目を向けることも子どもを勇気づける一つの方法です。子どもの悪い点を指摘するよりも、子どもの良さに注目すると、ずっと容易く良さを育てることができます。子どもの良いところを言ってあげると、子どもはその良さを伸ばそうとします。良さを育てる方法は子どもがよくできたことを認める、完全よりも進歩に目を向ける、一つひとつの段階で肯定的な励ましの声をかける、子どものパーソナリティーにレッテルを貼らない、などが考えられます。

1、よくできたことを認める

子どもが悪いことをしているのを見つけるよりも、良いことをしているのを見つけるほうがずっと効果的です。あなたがほんのちょっと努力するだけで、子どもがよくできたことをたくさん見つけ、それを子どもに伝えることができるでしょう。

あなたはわずかな言葉をかけるだけで、素晴らしい効果をあげることができます。他にも、子どもが仕事を手伝ってくれることに感謝の気持ちを伝えることもできます。たとえその仕事が家族の義務として与えられた仕事であっても、感謝するということは大事なことです。子どもの努力を「当たり前だ」と思わないで下さい。

2、長所が適切に使われていない場合も、その子の良さを認める

私たちは子どもがくり返し誤った行動をするときでも、子どもを勇気づけることができます。このような場合には、子どもの良さに注目することで、その子を好きになることが容易くなります。あなたが好きなところを伝えれば、子どもはその方向へと良くなっていくことが多いからです。

例えば、子どもが反抗的なときに「あなたが私のアドバイスを素直に聞いてくれないのは残念だわ。でもあなたが自分でなんとかしようとしていることに対しては、本当に素晴らしいと思っているのよ」と言うことができます。

3、完全さではなく、進歩に注意を向ける

子どもはスポーツや学校の教科、ある一つの技術などに秀でることで、自己価値観を高めることができます。けれども優秀になるためには、多くの段階を経て進歩していくことが必要です。あなたの勇気づけは子どもが優秀になった後よりも、その過程のほうがもっと価値があるのです。それにあなたの勇気づけがもっとも価値があるのは、成功や失敗にかかわらず、子どもの努力に向けられるときです。

4、各段階で肯定的な声かけをする

子どもに新しいやり方や行動を教えるときには、すでに子どもがよくできていることを伝えます。そして初めてのことは細かな段階に分けて、各段階ごとに子どもが成功の体験をすることができるように励まします。あなたの勇気づけによって子どもは自信を持ち、さらに難しいことも習得することができるようになるのです。

一つひとつの段階で励ましの言葉をかけることは、子どもの悪い習慣を変えようとする場合にも役に立ちます。

例えば、息子が小さな妹を叩くのをやめさせたいと思うならば、妹に対する息子の行動のほんの些細な進歩を見つけ出し、それを息子に伝えるようにします。そのためにあなたは息子の良い行動を一生懸命探すようになります。そしてあなたは息子が妹を叩いていないときに「妹を叩かなかったね。仲良く遊んでくれて嬉しいわ。ありがとう！」と言うことができるでしょう。それから息子を抱きしめてあげることもできます。また、あるいは息子が妹に何かを教えて、助けているのを見るかもしれません。その時には「妹に優しく教えてあげていたね。とても上手に教えることができたわね。すごいわ！」と言ってあげましょう。

5、子どものパーソナリティーにレッテルを貼らない

あなたが勇気づけていると思っていることが、実は子どもにとっては、勇気くじきになっている場合もあります。「あなたは良い子だ」「あなたは偉い」というような言葉が勇気をくじくこともあるのです。子どもは時々、親の褒め言葉の裏に隠された思惑を感じ、それがプレッシャーになったり、逆にいつか悪い子というレッテルを貼られるのではないかという不安を感じることもあります。ですから、子どものパーソナリティーにレッテルを貼るようなことは避けたほうがいいのです。た

とえ肯定的なレッテルでさえ勇気くじきになり得るのです。

子どもは（大人もそうですが）行動を変えることができるのですから、基本的なパーソナリティーよりも、子どもの行動に目を向けるほうがずっと勇気づけになるのです。一人ひとりの子どもは違うのですから、あなたの子どもはどのようなことが勇気づけだと感じるのかを知っておくことが大切です。

〈ケース11（その後）〉

ジェイソンの父親は試合での息子のエラーばかりに気を取られていたことに気づき、あれ以来、子どもの良さを育て始めることに専念しました。その甲斐あって、ジェイソンは次の試合までに父親と一緒に練習するのを楽しんでいました。

ある土曜日に二人で野球の練習をしていたときのこと、父親は今まで何年もやっていなかった一つの技法を試してみました。それを見たジェイソンは驚いて、父親にそのやり方を教えてくれるように頼んだのです。

父親は息子を勇気づけながら、段階ごとにわかりやすく分けて教えました。「いいかい、最初に右足を踏み出すんだ。そうして右足を軸にして体重をかけると左足がグーンと上がってくるだろう。さあ、ここからやってみよう。そうそう、今度は私がやってみるから見ててごらん」「そう、いいかい、一、二、三で投げればいいんだよ。まず右、次に左、足を前に上げて、そして投げる。今度はきみがやってみるかい？」「心配しなくていいんだよ。ただステップに気持ちを集中すればいいんだよ」。最初のステップはジェイソンにはそんなに難しくはありませんでした。そこで父親は「すごいぞ、できたじゃないか。今度はちょっと下がってボールを受けてみよう」と言いました。

このように、父親は息子のちょっとした一つひとつの進歩を励ましたのです。ジェイソンが失敗したときにも父親は「問題ないよ。きみはきっとできるよ」と信頼を示しながら教えました。何回か練習すると、ジェイソンはそのテクニックをマスターすることができましたが、それよりもっと大切なことは、ジェイソンが自信を持つことができたことなのです。

子どもの価値を認める

子どもの自己価値観は達成感だけから生まれるわけではありません。子どもの行動の善し悪しに限らず成功しようが失敗しようが、あるいは勝ち負けにかかわらず受け入れられることなのです。「あなたは、今のままのあなたでいいよ」というメッセージは非常に大きな勇気づけになります。子どもの価値を、何ができるとか、何か悪いことをしたとかいうことと切り離し、その子ども独自の個性を尊重することによって「あなたは今のままでいいよ」というメッセージを伝えることが大切です。

1、子どもの価値と実績を区別する

子どもの価値は、その子が何かができた、あるいはできるということではなく、その子の存在そのものにあります。あなたは子どもがやり遂げたことを褒めることはできますが、あなたが子どもを愛するのはその子の存在そのものが、かけがえのない大切なものだからだということを明確にしておく必要があります。子どもの行為の結果を褒めるだけではなく、子どもの行為そのものをサポートすることに関心を示しましょう。

また物事の結果にこだわり、軽率に競争をあおらないようにしましょう。多くの研究結果からは競争よりも、協力のほうがずっと生産的であるということが判明しているからです。子どもにとって良き競争相手は自分自身なのです。人に勝つことよりも自分の成長が目的であるべきです。

2、子どもの価値と誤った行為とを区別する

子どもの価値がその子の実績と関係がないように、その子の失敗や、過ちとも関係がありません。「悪い子ども」がいるわけではなく、その子が悪い行いをしたというだけのことです。「悪い子ど

も」というレッテルを貼られた子どもは自分は「悪い子ども」と思い込み、悪いことをするのが自分には相応しいと思うのです。

親は、子どもが自分を悪い子どもだと思わないように育てることが大切です。また悪い行為と同じく、間違いや失敗も子どもの価値を測るものではありません。間違いや失敗も子どもの成長の過程なのです。過ちを犯すことによってこれからしてはいけないことを学びます。このような学びは貴重な学習なのです。もし人が失敗や過ちを恐れるならば、学びの場を失い、自分の成長も遅れてしまうでしょう。

あなたは完全主義者がどのような人物なのか知っていますか？　それは外国語を流暢に話すことができるまで、外国語を学びたくないと思う人です。このユーモアが示しているように、間違うのではないかという恐れが、試みることを妨げて、その結果何も学べなくなってしまうのです。私たちの目標は子どもが学ぶことをサポートすることですから、そのためには子どもが過ちや失敗と友だちになるよう援助しなければなりません。

3、子どもの個性を尊重する

子どもと平等に関わることは大切ですが、子どもと親が全く同じだというわけではありません。

子どもは、一人ひとりが独自の個性を持ち、かけがえのない大切な存在なのだと感じるとき勇気づけられます。あなたは子どもの行動に関心を示すことによって、その子のユニークさに気づくことができます。子どもの行為に対して早急にあなたの意見を押しつけたり、疑い深く質問したりするのは避けて、子どもの体験を興味深く、そのうえ価値あるものとして認めるならば、きっと子どもを勇気づけることになるでしょう。あなたが何よりもその子のあるがままを愛していることを伝えることが大切なのです。

〈ケース12（その後）〉

やっとブラッドフォード夫妻は、自分たちの完全主義が娘のリサとの関係を悪くしていたことや、努力しようと思っていた娘の気持ちを打ち砕いていたことに気づきました。そしてとにかく学校の成績よりも、娘が自分たちにとって大切な、かけがえのない存在であることをどのように伝えることができるのだろうかと考えたのです。

父親は、リサが中くらいの生物学の成績にがっかりしていたとき、自分が娘を大切に思っていることを伝える良いチャンスだと思いました。ですから娘とこれからの学習計画について話し合いをした後で、優しい口調で「だけどリサ、生物学でいつもAを取るよりも、世界中でいちばん大切なのは、きみなんだよ」と言いました。

リサの母親もまた、自分にとって娘が本当に大切であることを意識すると、自分が娘を誇りに思っていたことに気づき、以前よりもずっと親密に感じるようになったのです。

ある日の午後、母親はリサに言いました。

「今朝、家族写真を見ていたらね、四歳ぐらいのあなたが小さいビニールのプールで遊んでいる写真があったの」と、母親は思い出しながら、娘に話し続けました。

「あなたはとても可愛かったわ。その写真を見ていたら、あなたの天真爛漫な笑い声が今にも聞こえてくるような気がしたの。そうしたら、きっと、私はあなたの笑い声を聞くことで、たくさんの幸せをもらったんだろうなーって思ったのよ」。リサと母親はお互いに頬を涙で濡らしながら抱き合ったのでした。

自立を促す

自立とは人に寄りかかるのではなく、自分の足で立つことです。自立はすべての子どもがしっかりとした大人に成長するためのきわめて重要なポイントです。そして同時に協力からもきわめて大きな利点が生まれます。十六世紀のイギリスの詩人ジョン・ダンの「人は孤島ではない」という言葉は、人間という種の発達にとって相互依存は基本的に重要であるという真理を表現しています。

子どもが自分の能力を信頼し、同時にその能力を用いて他の人と共に働き、遊び、あるいは交わるために協力的に貢献するよう勇気づけをしましょう。

1、子ども自身にさせる

子どもは自分で何かをすることによって、自分の無力さや幼さを克服できるようになります。そしてしだいに少しずつ自分の周りを理解し、自信につなげていくのです。その過程の中で自己価値観も高められていきます。子どもが自分でできることをさせ、子どもが自分の行動の結果から学んでいくことができるように援助することができます。

毎日の生活の中で、子どもが自分でできることを親が代わってすることは、子どもの自信を育てることにはなりません。子どもが不安や恐れを乗り越えるよう、ゆっくり、優しく勇気づけてあげましょう。また無理に押しつけないよう、子ども自身のペースを認めてあげましょう。一つひとつの冒険をサポートしましょう。すべての訓練には時間が必要なのです。

2、相互依存の意識を育てる

帰属は人間の基本的な社会的欲求ですから、特に強調する必要があります。子どもが周りの人のために努力する喜びと素晴らしさを感じることができるように、子ども自ら協力するように促しましょう。

〈ケース13（その後）〉

アリソンの母親は娘がお弁当を忘れて登校したときには、いつも本当はウンザリしていましたが、娘にお弁当を届けることが良い母親だと信じていたのです。私は、それは本当は娘を過保護にしているし、そのうえ、娘を信じていないことになる（つまり、あの子はまだ赤ちゃんなのだから自分のことはきちんとできない、と思っていること）ので、勇気くじきになっていると説明しました。すると母親は納得し、お弁当について新しいやり方を試してみようと考えたのです。

私は、お弁当を忘れてしまう娘を母親が責めるよりも、母親自身の過保護の責任を認めるように母親を励ましました。その結果、母親は見事に解決できたのです。

「アリソン、私はずっとお弁当をあなたに届けていたことを考えていたの。あなたを赤ちゃんみたいに思い、自分のお弁当を自分でどうにかできると思えなくて届けていたことに気づいたの。これからはあなたがお弁当を忘れないようにするには、どうすればいいかしら？ お弁当をテーブルの上に置いたほうがいいかな？ それとも玄関のカウンターがいい？ あなたがどちらがいいか決めてね」

次にアリソンがお弁当を忘れたことを学校から電話してきたとき、母親は「お弁当を忘れて行ったのね。困ったわね。でも自分で何とかできると思うわ」と優しく言いました。「お母さんが届けてくれない？」とアリソンは頼みました。「残念だけど届けることができないの。ごめんなさいね。お腹が空くと思うけど、家に帰ってきたらすぐにおやつを食べることができるし、今夜は早めに夕食にしましょうね。アリソン、大好きよ。じゃあね」。そう言うと母親は静かに電話を切りました。

勇気づけの手紙

私は若い頃、日曜学校の教師をしていましたが、一人ひとりの生徒を評価しなければならないことに大変悩みました。評価は、私たちが九カ月の間一緒に過ごした後に子どもたちの成長や子どもたちについてのコメントを書くわけですが、私は必ずしも成績をつけることが良い方法だとは思いませんでした。そこで成績と一緒に、子どもたち一人ひとりに個人的な手紙を書こうと決めたのです。そして、その手紙にはそれぞれの子どもの良さと、その子がどのように成長したか、ということだけを書きました。子どもたちは私が書いた「勇気づけの手紙」を嬉しそうに受け取り、夏休みに帰っていきました。

その後、私はその手紙のことをすっかり忘れていましたが、四年後、ある歓迎会に出席したとき、一人の夫人が近づいてこられました。そして「あなたが四年前に書いて下さった娘のアリスへの手紙を娘はとても大事にしています。今でも自分の机の前の掲示板に貼っているんですよ」と言われたのです。

この章で述べてきた勇気づけのやり方は毎日の食事と同じくらい、すべてがとても大切なことと言えます。ときには勇気づけの手紙を書くこともステキなアイデアです。言葉で伝えることも大切なことですが、文章に書いて伝えることもまた違った特別の重みを持つでしょう。手紙をもらった子どもは、また日が経って勇気づけの手紙を読み直し、アリスがやったように、その手紙から感じられる温かい励ましを繰り返し感じることができるのです。それでは一つ例をあげましょう。

ジョニーちゃん

お父さんとお母さんはお庭で仕事をしていて、あなたがトマトの周りの草とりをしてくれたことに気づきました。わたしたちはあなたが手伝ってくれるので、とても嬉しかったです。庭仕事は大変なので、あなたが一緒にやってくれると本当に助かります。私たちがみんなで、庭からの贈り物、最初のサラダを楽しんで食べるのもまもなくでしょう。楽しみですね。ありがとう！

パパとママより

次にあなたの子ども一人ひとりに励ましの手紙を書いてみましょう。

第7章　より良い関係を築く

尊敬されるためには、まず自分が尊敬しなければならない。

バーナード・マラムド

しつけは大切なことですが、親子の関係に非常に影響されます。なぜなら親子の関係が上手くいっていれば、しつけ、つまり制限の設定は容易いことです。しかしその関係が権力争いになっていたり、仕返し競争になっていたりすれば、しつけは非常に難しく、事態をいっそう悪化させることも多いからです。

親から「ダメだ！」とか「いけません！」という否定的な言葉ばかり言われると、子どもは勇気をなくしてしまいます。そしてもちろん自信も持てなくなり、さらに誤った行動をするようになります。ですから、子どもにしつけをするという「仕事」の半分は、まず安定した信頼関係を築くことと言えるでしょう。第6章に述べている勇気づけの方法はしつけを始めるために必要な素晴らしい方法なのです。この章ではあなたと子どもとの関係をより良いものにしていく四つのやり方を紹介します。

1、楽しい時を持つ

お互いの関係を育てるためには、まず楽しむことです。子どもと一緒に楽しい幸せな体験を分かち合うことができれば、自然に相手に対して親しい気持ちを持つようになり、親子の関係はより深い絆で結ばれるでしょう。残念ながら、近年は親子ともに大変忙しくなり、子どもと一緒に過ごす時間がますます少なくなっています。親は限られた時間の中で掃除、料理、買い物、子どもの世話など、やらなければならないことが山ほどあります。これらの仕事が終わると、子どもと楽しむ時間やエネルギーはほとんど残っていないのが現状です。けれども私はこれは間違っていると思います。親のやらなければならない多くの仕事は重要なことではありますが、もし子どもがその日に十分間でも、お父さんやお母さんと一緒に夢中になっておもしろい遊びをすることができて、そのために夕食がピーナツバターとサンドイッチになったとしても、私はそのほうがいいだろうと思うのです。一日に十分間、一人ひとりの子どもと楽しい時間を持つようにすれば、その時間は親にも子どもにも豊かな贈り物になるでしょう。

〈ケース14〉

ダニーはある金曜日の夜、怖い番組を見たがりました。母親は以前息子がホラー映画を見に行ったとき、夜中じゅう悪夢にうなされたことを思い出し、同じことをくり返したくないと思いました。かといってテレビを見せないことで息子をがっかりさせたくないと思い、これをチャンスに何か楽しいことをしようと考えつきました。

「お願い、ママ、ぼくはモンスターを見たいんだよ」

とダニーは言いました。

「いいわよダニー、だけどあのばかげたモンスターはいらないわ。それよりダニー、私のクローゼットの中に本物のモンスターがいるのよ！」

母親はおどけて言いました。ダニーはクスクス笑い出しました。

「ママ、本物のモンスターなんていないよ」

「だけど、いるのよ。ここで五分間待っていてね。そうしたら自分で確かめられるわ。大丈夫かな？　怖くない？」

母親はそう言いながら、じっと悪戯《いたずら》っぽく息子を見つめました。

「見せてよ、見たいよ！」

ダニーはすでに興奮しています。

「わかったわ。モンスターは明かりが怖いから約束があるの。タイマーを五分にセットしておくから、ブザーが鳴ったらモンスターが出てこられるように明かりを消してね。いい、あなたはこれを使ってね」

そう言って母親は息子に懐中電灯を手渡しました。

「もし、モンスターがあなたを困らせたら、目にライトを当てればいいの。じゃ、ここで待っているのよ」

母親は大急ぎでベッドルームに行き、素早く顔にたっぷりのおしろいを塗って、怖そうに口紅で大きな輪郭を書きました。それからシーツを身体に巻きつけ、ブザーが鳴って息子が明かりを消すと、顎の下からフラッシュライトを照らしてそーっとリビングルームに入っていきました。

「わ・た・し・は……ハッケンサックの……ユウレイ……だぞー」

母親は声色を変えたまま、

「ち・い・さ・な・子どもを食べちゃうぞー。その子の名前はダニーというのだ！」

モンスターが脅すように餌に向かって歩いていくと、ダニーはモンスターの目にライトを照らしました。

「これを食らえ、ハバッ……サックの……ユウレイめ！」

「ウワー、ライトだけはやめてくれー」

モンスターは悲鳴をあげてひるみました。

「明かりがとても、怖いんだー」

ダニーがライトを近づけると、モンスターはダニーを捕まえ、お腹を食べようとしました。その途端、二人は大笑いして、リビングルームの床を転げ回りました。

ひとしきり遊んだ後で、二人は今度は小さなダニー・モンスターを作って楽しんだのです。

2、子どもにやり方を教える

第3章で私たちは帰属、学習、貢献の三つの要素がセルフエスティームを高めることを学んできました。子どもにいろいろなやり方を教えることは、この三つのすべてに関係があります。あなたと子どもの関わりそのものは子どもの帰属心を育てます。やり方は学習することであり、生きていくうえでの力を育てます。また子どもが新しいことを学ぶことによって、次にその子は自分の力を周りの人たちのために役立てる力を持つことにもなるのです。

あなたが親として子どもにそのようなセルフエスティームを育てようと思うならば、子どもとの関係をより良いものにしていく必要があります。そのうえ、やり方を教えることによって子どもが知識を広げ、自分の能力を正しいやり方で発揮できるようになるのです。特に反抗という攻撃的なアプローチを避けることもできるでしょう。役に立つやり方を教えることは、子どもが正しい道にとどまる、あるいは戻るための素晴らしい手段を提供することになるのです。

〈ケース15〉

リサはまだ学校の勉強のことで充分わからないことがありましたが、母親は自分が娘に教えるのはあまり上手ではないし、教えようとすると二人の関係がギクシャクしてしまうので困っていました。私は、親が勉強を教えようとするとどうも上手くいかないことが多い、とアドバイスしました。母親はそう言われていくらか安心したようでした。勉強を教えるのは、親よりも教師、家庭教師、あるいはクラスメイトのほうがずっと上手にできます。親は勉強以外のことのほうがもっと上手く教えることができるのです。

「リサが、あなたから学びたいと思っていることで、あなたが上手にできることは何でしょうか？」と母親に尋ねました。「それなら簡単ですわ」母親は答えました。「リサはちょうど十六歳になって車の運転を学びたがっているんですよ」。

そこで日曜日の午後、リサと母親は家族の車を使って、大きなショッピングセンターに向かいました。動機づけには問題がなかったし、日曜日は二人にとってちょうど都合が良い日でした。母親は道すがら、ゆっくりした動作で車を発進させる手順、バックミラーのチェック、シートベルトをしっかり締めることなどを説明しながらやってみせました。また、母親は街を運転していくときには、どのような注意をして運転しているのかも詳しく説明しました。

ある駐車場で他の車が少ないとき、母親は娘に言いました。

「じゃ、いい？　今度はあなたが運転してみて」

リサは運転席に座るとワクワクすると同時に、緊張しました。

「いいわよ。リサ、あなたは本当に上手いと思うわ。ところで車を動かすときに最初にチェックするのは何だったかしら？」

「テープ・デッキかな？」

リサはクスクス笑いながら、バックミラーの調整をしました。

3、相互尊敬

尊敬ということはすべての人間関係においてきわめて重要なものです。もし尊敬ということがなければ協力の可能性をつぶし、憤りと敵意に満ちあふれるでしょう。子どもに尊敬することを教えることはアクティブ・ペアレントの一つの重要な目的です。

たいていの親は子どもが親を尊敬することを望んでいます。しかし、マラムドからの引用のように「尊敬してもらうためには、まず自分が相手を尊敬しなければならない」のです。

親子の相互尊敬を提唱したルドルフ・ドライカースの考え方は、多くの親たちが非常に尊いものだということに気づき始めています。

尊敬することを子どもに教える最善の方法は、自分が子どもを尊敬することなのです。多くの大人たちは、他の大人を尊敬することには抵抗がありませんが、自分の子どもに対して尊敬するような言葉遣いや態度を示すことができません。つまり屈辱を与えたり、批判したり、うるさく小言を言ったり、けなしたり、疑ったり、怒鳴ったり、悪口を言ったり、脅迫したりします。また子どもたちができることを代わってやってあげたり、過剰なサービスをしたり、親をばかにしたりするのを許したりします。他にも子どもたちの話を聞かず、子どもたちが親と同じようなことをすると激怒したりします。このようにあげていけば、もっともっとあるでしょう。

では、私たちはどうして子どもたちを尊敬することができないのでしょうか。またどうしたら子どもを尊敬できない自分に気がつくのでしょうか。この最初の疑問に対する答えは、たぶん、「子どもを尊敬しない」ということが、私たちの親から学んだ伝統的な親の在り方なのでしょう。

〈ケース16〉

デクスターの母親はある日、夢の話をしてくれました。

「私はときどき家事を息子に手伝わせようとするときに息子にどう接しているのかって考えるときがあります。そういえば、忙しい一日の仕事が終わって、疲れていて、何だかイライラしているときに息子を怒鳴ることが多いんですよ。

昨日は息子に食器を洗うように言ったら、息子はリビングのソファーに寝そべって、ヘッドホーンで音楽を聴いていました。息子がすぐに洗おうとしないので、私はリビングに飛んでいって、イヤホーンを引っ張り抜いて、『今すぐやりなさいと言ったらやるのよ！』と怒鳴ったのです。そしたらその夜とてもいやな夢を見たのです。

私が寝椅子に横になって気持ちよくブラームスの交響曲を聴いていると、息子が『シャツにアイロンをかけてよ』と言いました。私はすぐに動かなかったんですね。そしたら息子は私のヘッドホーンを引っ張り抜いて『やれといったら、すぐにやるんだ！』と怒鳴ったのです。まるであの子は私の父親みたいでした。子どもの頃にいつも私を怒鳴っていた私の父のようでしたわ。私は、自分の子どもには父親が私にしたようには絶対しないでおこうと思っていたんです。だけど、不思議ですね、同じようにしていたのです。

次の日、私は息子に夢の話をして、『これまであなたにひどいことをしてごめんなさい』と謝りました。息子は素直に許してくれたし、私もまた嬉しかったのです。それ以来ずーっと息子を尊敬するようになりました」

4、愛を表現する

子どもと良い関係を築き上げることは継続的なプロセスであり、努力し続けることが大切です。そのためには一緒に楽しい時間を過ごすことや、何かやり方を教えること、そしてお互いの尊敬を築き上げることが含まれます。

しかし親と子が認め合うような良い関係になるためには何よりもまず、お互いの愛の表現が必要です。すべての子どもたちは愛を必要としています。不幸にも誰からも愛されなくても、それでもきちんとやっている子どもでさえも本当は心から愛を求めているのです。子どもたちは何はともあれ親が自分を愛しているということを知る必要があるのです。

〈ケース17〉

ジェイソンと父親はある時には良い関係であったり、ある時には食い違ったりしながら、親子の絆を深めてきました。最近二人は一緒に楽しむことがしだいに多くなってきました。父親は息子にバスケットボールやベルギー・ワッフルの作り方まで実にたくさんのやり方を教えました。

けれども父親にはたった一つ、特別に苦手なことがありました。それは息子に「きみが好きだよ」ということがなかなか言えないことでした。父親はあまり愛情を表現しない家庭で育ったので、そういう言葉を自然に口にすることができなかったのです。父親はチャンスが訪れたとき、何度も思い切って言おうとしましたが、結局言えないままでした。

しかし、それは偶然のように起こったのです。父親と息子のジェイソンは庭でフットボールのパスをしていました。するとジェイソンは父親のパスをさえぎるようなふりをして、父親に向かってきたのです。思わず父親は息子に近づき、ふざけるような格好で息子をつかまえました。ジェイソンはバランスを崩し、倒れかかった拍子に父親の足にしがみついたので、父親はバランスを崩して二人とも倒れて、庭を転がりました。二人は何度もクルクルと転がって、ついに笑い出してしまいました。父親と息子が楽しそうに笑っている間、ボールは二人の側に転がっていました。

やがて二人は疲れてしまい、並んで地面に寝ころびましたが、父親は背後から息子をしっかり抱きかかえました。その時、父親はふざけて、

「おじさん《アンクル》(注5)と言え！」

と言いました。

「どうしておじさんなのさ」

ジェイソンは笑いました。

「おじさんじゃないよ。ぼくのお父さんだよ」

「その通りだ。きみはぼくの息子だ、ぼくはきみが大好きだよ」

その時、父親はなぜかわかりませんでしたが、この言葉を息子に伝えたとき、何かが起こったような気がしました。息子との間にあった壁がこわれ、今までよりも、もっと強い絆が生まれたのを感じたのです。

＊注＊
注5…おじさん（アンクル）には、降参という意味もあります。

第8章 しつけと責任

子どもを甘やかす母親は、蛇を太らせる。

スペインのことわざ

昔、とにかく仕事に就きたいと思っている男がいました。男は二十七歳でしたが、今日まで一度も仕事に就いたことがなかったのです。男の両親は長い間、経済的な援助をしてきました。しかしとうとう息子の甘えに我慢ができなくなり、それに自分たちの過保護にも嫌気がさして息子に三カ月という期間を与え、仕事を探すように言いました。

二カ月半が過ぎた頃、男は両親が本気になって自分を家から追い出そうとしていることを知り、真剣に仕事を探し始めたのです。しかし、仕事はそう簡単には見つかりません。実は、男はこれまで自分で何かすることを一度も教えられていませんでした。ですから、仕事を見つけるにはどうしたらいいのかわからなかったのです。そこでいつものように父親が口を利き、建設会社の友だちに頼んでダンプの運転手になることができたのです。

ところが、仕事の一日目、男はダンプをバックさせて堤防に乗り上げてしまいました。そのとき現場監督に、どうしてこんな危険なことをしたのか、と聞かれ、男は「だって、誰も堤防に向かってバックしちゃいけないとは教えてくれなかったものですから……」と答えたのです。

責任とは何か

責任とは選択をし、その結果を受け入れていくことです。人間として生きていくうえで、私たちは多様な選択をしなければなりません。日々、ありとあらゆる選択を迫られます。そして私たちに責任があるかどうかを決めるのは自分自身の選択の結果に対する態度なのです。私たちは責任を受け入れることができれば、自分の周りの環境にもっと満足し、自由に生きていくことができるのです。

では、私たちはなぜ責任を逃れようとするのでしょうか。それは間違ったり、過ちを犯したりすると責められたり、罰を与えられたりするのではないかと恐れているからです。もし私たちが自分の過ちを寛容に許すならば、人の批判も心を傷つけないのかもしれません。

たいてい自己批判の多くは、子どもの頃に自分の両親から学んできたものです。多くの親たちは伝統的なやり方、あるいは放任的なやり方を続けてきましたが、このような子育てのスタイルには批判と非難がつきものでした。私たちが失敗や間違いを起こしたとき、他人のせいにしたり、環境のせいにしたりします。自分で責任を受け入れ、自分の過ちを一つひとつ認めて自己批判することは、とても辛いことだからです。そこで「あなたのせいで遅くなった」「あなたが怒らせた」とか「遅くなっても大したことはない」「気分が悪かったからだ」「酒を飲んでいたから」「私は育ちが悪い」「誰も教えてくれなかったから」などと言い訳して自分の失敗を正当化しようとします。

自分の過ちの責任を受け入れなければ、自分の体験から学ぶことができなくなります。ですから同じ間違いや過ちを何回も繰り返してしまうのです。先の男のようにダンプを堤防に乗り上げても誰か他の人が責任をとってくれるのを期待するだけになってしまいます。

賢く、満足のいく生き方をしている人は、どのように選択するのかを学び、その結果何が起ころうともその責任を受け入れているのです。もし結果が良ければ、今後も同じ選択をするでしょうし、結果が悪ければ、どうすれば次にはもっと良い選択をすることができるか考えるでしょう。どちらにしても、賢い人は学び成長していきます。子どもたちも同じように学び成長していくのです。責任ある大人になるために、私たちはまず子どもの過ちや間違った行為を非難したり、罰したりする誘惑に負けないことです。実際、非難や罰は子どもたちに責任を回避させ、自分や他人を非難したり、自分の間違いを正当化させようとする結果になるだけです。

自由とその限界

選択は、選択をする自由があるときのみできるのです。選択する自由は選択のための基本的な条件です。これは教育者たちの間で有名な話です。

ある幼稚園に素晴らしい想像力を持っている男の子がいました。先生が「お絵描きの時間ですよ」と言うと、男の子は自分が描きたいいろいろな野生動物を想像しました。ライオン、トラ、ゾウ、そして覆面レスラーなどです。しかし先生は「今日はお花を描きましょう」と言いました。それでも男の子はがっかりしないで自分が描きたいと思うたくさんの美しい花を思い浮かべました。赤い花、黄色い花、紫や青の花もありました。その時、先生が「こんな花を描きましょう」と言って緑色の茎の茶色の花を一本描きました。その男の子は自分の描きたいものをやめて、先生が言ったとおりの花を描いたのです。

その年はずっとずっとそんなことが続きました。先生はいつも子どもたちに何を、どんなふうに描くのかを言い続けたのです。

その年の夏に、男の子は別の街に引っ越し、新しい幼稚園に行きました。そこの先生が「お絵描きの時間ですよ」と言うと、男の子は黙って座っているだけです。先生が机の前にやってきて、「どうして絵を描かないの？」と尋ねました。すると男の子は「何を描いたらいいですか？」と言ったのです。先生が「きみが描きたいものを、何でも描いていいんだよ」と言うと男の子は黙って、それから絵を描き始めたのです。それは緑色の茎の一本の茶色い花だったのです。

男の子の気持ちを思えば切なくなるようなこの話は、子どもが選択することができるようになるのには自由が必要なのだということを示しています。しかし、だからといって選択には無制限に自由があるわけではありません。すべての選択には制限があります。自分が持っていない道具を使うことはできませんし、また想像上の条件で選択することもできません。それに選択の自由に対する限界の枠は小さい場合もあり、大きくゆるやかな場合もあります。何かの選択をするときには、その限界を知ることが重要です。

もう一つ、ある男の子の話をしましょう。

お母さんが「何をしているの？」と尋ねました。「あのね、波が寄せたり、返したりするのを見ているんだ」男の子は答えました。「それで何がわかった？」お母さんが尋ねました。「ぼくには波の動きを止められないんだっていうこと」男の子はそう答えました。「それでどんな気持ちになったの？」お母さんは尋ねました。「ホッとしたんだ」男の子は答えました。

子どもは自由を求めますが、同時に自分の自由と力には限界があるということを知ってホッとするのです。絶対的な権力を持つ独裁的な親は、子どもに選択の自由をまったく与えません。子どもは何もわからないから親が子どものために選択してあげなければならない、そうすれば子どもは間違った選択をして傷つくこともないと思っているのです。この考え方には深刻な欠点があります。それは少なくとも責任を受け入れる子どもの能力を窒息させてしまいます。いつか子どもは親の厳しい管理や抑えつけに反発しますが、それでもやはり自分で選択する能力は欠けたままなのです。

何でも子どもの言いなりになる放任的な親は、たぶん自分が権力的な親に育てられた反動としてそうなったのでしょうが、行き当たりばったりのやり方をしており、子どもに無制限の自由を与え、子どもがやりたいと言うことは何でも許すのです。しかし子どもは自分の選択に対して一度も責任を持ったことがないので、権力的な家庭と同じように、責任感を学ぶことはできません。

幸いなことにこれまで述べてきた民主的な親は、すべてを許すいい加減さと権力的な抑圧の中間地点なのです。民主的な親は子どもには自由が必要だということをはっきりとわかっていますが、その自由は適切に決められた制限の中の自由なのです。

問題解決のために

さて、家族の中の避けられない葛藤や問題は、どのように対処すればよいのでしょうか。それが解決に向かうか、あるいはもっと悪化するかはあなたのやり方によるのです。あなたのやり方は家族の満足だけではなく、子どもがその体験から責任感と協力精神について何を学ぶのかを決定します。

誰の問題かを決める

奇妙な質問だと思われるかもしれませんが、誰が問題を持っているのでしょうか？　問題を持っているということはどういうことなのでしょうか？　この場合、持っているというのは、その責任まで受け入れているということです。絶対的な権力を持つ独裁的な親は家族の中のすべての問題が自分の問題であり、自分がすべての選択をしなければならないかのように行動します。しかし民主的な親でさえも、実際、自分の問題ではなく子どもの問題なのに、それに対する責任を取ろうとしがちです。子どもは自分自身の問題を自分で解決していくことによって責任感を学んでいくので、一つの問題が生じたらそれは誰の問題なのかを見極めるとよいでしょう。その問題を持っている、あるいは問題を抱えているのは誰なのかを判断するためには「誰が困っているのか」「いやな思いをしているのは誰なのか」「文句を言っているのは誰か」と考えると、すぐわかるでしょう。ふつうはその人が問題を抱えているのです。

もし、子どもが問題を抱えているならば、あなたは子どもに必要なサポートを与え、その子が自分で問題を解決できるように手助けします。もし、あなたのほうが問題を抱えているならば、あなたが子どもと一緒に問題を解決していかなければなりません。そうすることによって子どもは責任感を学び成長していくのです。

ここで親が子どもに対して問題を抱えている場合（多くはしつけに関する問題ですが）の二つの基本的な解決の方法をご紹介します。一つは「マイメッセージ」を送るという、コミュニケーション・テクニックであり、もう一つは論理的な結果を設定するというしつけのテクニックです。これは両方とも従来の罰を与えるやり方よりもずっと効果的だということが証明されています。

1、マイメッセージを送る

「マイメッセージ」は心理学者のトマス・ゴードンが親業のプログラムで考え出したものです。マイメッセージは自分の気持ちを自分のものとして引き受け、「わたし」という言葉を使って相手に伝えるので、このような呼び名になっています。マイメッセージは子どもを責めたり、非難することなく、子どもの行動について親がどのように感じているのかを伝えるものです。子どもの行動の結果について、親が自分の感情をきちんと伝えるので、子どもは自分の行動が他人にどのように影響を及ぼしているのかを学ぶことができます。このような方法は子どもに思いやりや協力する気持ちを育てることができます。また、マイメッセージを使うことで、親が自分の感情に対する責任を受け入れていることにもなるのです。自分の気持ちを伝えるマイメッセージは「あなたが自分の仕事をしないから、私を怒らせたのよ」というような「あなたメッセージ」よりも、ずっと子どもにとって耳を傾けやすいものになるでしょう。

〈ケース18〉

ケース3で母親がジェイソンを無理に夕飯に来させようとしていましたが、息子が夕飯を五分でガツガツと食べてテーブルから離れ、再びテレビにかじりついたとき、母親はどんなにイライラしたのか想像がつくでしょう。母親は自分が息子のしつけに相当困っていたのですから、これは自分の問題に違いないと思いました。母親が問題を抱えているのですから、それをどうにかするのは母親の責任だったのです。

そこで母親はマイメッセージを使ってみることにしました。まず母親は自分が言いたいことを慎重に考えました。そして、その日の夕飯で息子がいつものようにすぐにテーブルから離れようとしたときに、母親は毅然とした口調で言いました。「ジェイソン、みんなが食事を終わる前にあなたがテーブルから離れると、私は何だか嫌な気持ちになるの。家族みんなで話すことができなくなるんですもの。だから夕飯が終わるまであなたに座っていてほしいの」

母親は私にその話をしたとき、とても嬉しそうでした。「私の言葉を聞いた息子は、いきなりぐるりと私のほうを向いたのです。息子が素直に私の言葉を聞いてくれたのはそれが初めてだったような気がします。息子は文句も言わず、みんなの食事が終わるまでそこに座っていたんですよ」。夕飯の後で母親は息子に、一緒にいてくれてどんなに楽しかったかと言って、息子の協力に感謝したことで事態はさらに良くなりました。

〈コメント〉

マイメッセージは親が自分の気持ちをきちんと伝えると同時に、相手への尊敬の気持ちも伝えるので役に立ちます。親が優柔不断であったり、あるいは激怒するならば、子どもをゆがめてしまうかもしれません。ジェイソンの母親はマイメッセージを使うことで息子の問題を上手に解決することができました。ジェイソンは母親の言葉と言い方から、母親の言った言葉をはっきりと受け入れ、それを承知したのです。

2、論理的な結果を設定する

親が子どもに対して丁寧なお願いをしたり、マイメッセージを送っても、子どもがその状況を変えなかったり、家族の要求に応じなかった場合には、親は家族のリーダーとして、ルールに従うことを子どもに教えなければなりません。前にも罰を使わないケースを紹介してきましたが、子どもが自分の行動の論理的な結果を体験することはもっとずっと良い効果的なしつけのやり方です。

行動の結果にはどのような価値があるのでしょうか。子どもが自分の行動を選択することを許されるとき、初めて責任感を学びます。子どもが自分の行動を選択したらその選択の結果を体験することが重要です。子どもが間違った行動の結果を体験するとき、それはどのような親の説教や、勝手な罰よりももっと効果的な学びになるのです。

論理的な結果とは、子どもが家族の価値観や社会的な要求に反する行動をしたとき、その結果がどうなるのかを子どもに示すためにあなたが親として意図的に、あるいは教育的に選んで設定する結果です。例えば、子どもが夕食に遅れて帰ってきた場合「自分で温めて、一人で食事を食べなくてはならないし、自分の食べた食器は洗っておくこと」というような約束を決めることです。

子どもはこのような決まりごとを不愉快に感じるかもしれませんが、それは罰とは違ったものです。ここで子どもにその行動の結果について選択を与えることが大切です。これまでにも強調してきたように、責任感を学ぶということは選択することを学ぶことです。

二つのタイプの選択

選択の方法には次の二つがあります。

1、「……してもいいし、……してもいい。あなたが決めていいのよ」とどちらかを選んでもらう。

例えば両親が大事な話をしようとすると娘のキャサリンは大きな声で歌ってみたり、独り言を言ったりします。そのような場合に「キャサリン、ここで静かに遊んでいるか、自分の部屋に行くかどちらか決めてちょうだい」と言うことができます（両親の話の邪魔をすることの論理的な結果は、両親と一緒にいる楽しさをあきらめることになる）。

2、「……したら……してもいい」と決める。

例えばトムは日曜日の芝刈りの仕事をさぼってプールに行こうとしています。その時に「トム、芝刈りが終わったら、プールに行っていいわよ」と言うことができます。

＊注…「……するかしないか」の選択はできるだけ子どもにとって受け入れやすい言葉より先に、受け入れにくい言葉を言うようにするのがコツです。例えば、「手伝いをしないと遊べないよ」と言うのではなく「手伝いが終わってから遊ぼうね」と言うほうが受け入れやすいのです。この方法は心理学的にもとても効果があるので「おばあちゃんのきまり」と呼ばれています。

〈ケース19〉

リサとジェイソンの妹のスーザンはうっかり屋で物をなくす傾向があります。昨年の十二月、たった一枚の冬のコートをなくしたことがわかったとき、スーザンの両親はジレンマに陥りました。スーザンにコートなしで過ごさせるべきか、それともいつもやってきたように、新しいコートを買ってやるべきなのか悩んでいました。しかし、冬にコートなしでは娘はきっと風邪を引いてしまうでしょう。

ところが、幸いなことに両親は第三の選択肢を思いつきました。「論理的な結果を使って娘に自分の持ち物に対する責任感を教えることができるだろう」と考えたのです。

スーザンの両親はまず二人だけで話し合い、それから娘の部屋に行きました。

「スーザン、あのなくしたコートのことだけど、どうしようか？」

父親が口火をきりました。

「わからないわ」

スーザンが言います。

「あのね、冬はとても寒いから、コートなしでは過ごせないわね。あなたに毛皮が生えれば別だけど」

みんなが笑いました。母親は続けて、

「真面目な話、新しいコートを買う必要があるのね。お父さんと私は相談して、あなたがそのお金を払うようにしたいと思っているの」

「ちょっと待ってよ、ママ。冗談じゃないわ。私はコートを買うことなんかできないよ！」

スーザンは今にも泣き出しそうな声で言いました。

「だから私たちが手伝うよ」

父親が言います。

「そうすれば、自分の不注意に対して少しは責任を持つことができると思ったんだよ」

「そうよ」

母親が言います。

「私たちがコートの代金を立て替えておくからね。あなたは春までに自分の小遣いから毎週2ドルずつ私たちに払えるでしょう。それとも新しいコートをクリスマスプレゼントにしたほうがいいかしら？」

スーザンは思わずムカッとした表情で天井を睨みました。しかし、しばらくして、

「いいわ、私は週に2ドルずつ払うわ」

と言ったのです。

「そうか、それはよかった。じゃ、スーザン、これから新しいコートを買いに行こうか」

父親はそう言って娘の肩を優しく抱きました。

〈コメント〉

両親は娘にどちらかを選択させる方法、つまり「自分の小遣いから少しずつお金を払うか、クリスマスプレゼントとしてコートをもらうか」という選択を提案するときに、優しくも毅然とした態度で伝えました。両親はものごとを決めるとき、決して自分たちだけで判断するのではなく、娘と一緒に今後どうするかを話し合いました。そして娘が自分で考え、決断するように援助しました。

同時に、両親は娘が考えることのできる一人の人間として尊敬を表したのです。スーザンの両親は論理的な結果を積極的に活用したことで、娘が自分の持ち物に責任を持つように援助しているのです。ただし娘を不憫に思い、お小遣いを値上げしてあげたり、その他の方法で少しでも娘を楽にしてあげようとしない限り、です。

勇気づけと行動の結果に学ぶ――パワフルなセット

あなたは、私が「しつけ」を否定的なものとして考えていないことがおわかりになるでしょう。

一般社会でもルールや法律があるように、家庭の中でもしつけは大切なことです。論理的な結果を取り入れることは罰よりももっと効果的な、もっと相手に対して敬意を表しているしつけの形です。

論理的な結果を用いるためには、それぞれの状況の中で筋道を立てて考え、子どもの間違った行動を正しい方向へと導いていけるような教育的な結果を設定しなければなりません。このように考えていけば、ずっと容易く論理的な結果を設定することができるでしょう。

また、論理的な結果はしつけの手段としてきわめて有効ですが、一貫した勇気づけとともに使うことで、さらに効果的になります。例えば、ケース19でスーザンの両親の願いは、娘が責任を持って自分の持ち物をきちんと管理できるようになることです。両親はこの責任を持つという長期目標を娘が達成できるよう、論理的な結果（自分の小遣いから支払うこと）を設定しました。しかし両親はまた、もしスーザンが自分の持ち物を忘れず覚えているときに勇気づけることができれば、もっとずっとパワフルな学びになることでしょう。論理的な結果の設定と勇気づけは、賞罰の落とし穴に陥ることのない本当にパワフルなセットなのです。

当然の結果から学ぶ

当然の結果というのは、子どもの選択したことから、親の介入なしに自然に起こってくる現象です。例えば「熱いものに触れれば、火傷する」「寒い日に手袋なしで出かけると、手が凍える」というようなことです。人生のレッスンの多くは親の介入なしに、子どもが自分の選択の当然の結果を体験することから学びます。

ある師匠が十代の弟子に、森に行って繭を観察するように言いました。森に着いたその若者は、蝶の羽がその絹のような繊維を破り始めたのをじっと見つめていました。若者はじっと繭の様子を観察しては待ち、長い間観察している間に、とうとう待ちきれなくなってしまいました。そして、観察しているだけではいられなくなった若者はついに手を伸ばし、蝶が繭から出てくるのを手伝いました。生まれたばかりのかよわい蝶はほんの少しだけ飛びましたが、すぐにクルクルと舞いながら地面に落ち、やがて死んでしまいました。驚いた若者は急いで師匠のところに戻り、涙ぐんで何が起こったのかを尋ねました。師匠は「あなたが手を伸ばして繭を開けたときに、蝶がもがいて羽を強くするチャンスを奪ったのです」と説明しました。

多くの親はできるなら自分の子どもが挫折したり、心の傷を体験させることを避けたいと願っています。この十代の弟子のように、親たちはつい手を伸ばし、子どもを少しでも楽にさせたいと手助けします。しかし時には、何もしないことが一番良いことなのです。子どもは自分の直接体験から上手に学びますし、子どもの頃のちょっとした災難は責任感を学ぶために支払う小さな代価なのです。当然の結果を学んでおけば、大人になってからの大きな悲劇を防ぐことができるでしょう。

〈ケース20〉

スーザンの母親は娘が自分の持ち物をなくさないように、しょっちゅう注意したり、忘れたときには小言を言って叱ったりしながら、なくしたものを補充してやっていました。しかし母親はそのことを冷静に、そして状況を客観的に考えた結果、娘のうっかりに対して、不必要な注目をたくさん向けていたことに気がついたのです。しかも母親の常に娘に構い続ける過干渉的態度は娘の勇気をくじくものであり、娘は自分自身の行動の結果を体験していないのです。これではいつまでたっても物をなくす娘の癖が直ることはないでしょうし、責任感も育たないでしょう。

母親はまず、娘を勇気づけることから始めました。母親は「私があなたに小言を言うのは、あなたを本当に尊敬していなかったからだとわかったの。あなたにはステキなセンスがあるし、あなたが自分で気をつけて物をなくさないようにしようとすれば、きっとあなたはちゃんとできると思うのよ」と言って娘への信頼を示しました。

数日後、スーザンは「私のソフトボールのグローブを知らない？」と母親に尋ねました。母親は「知らないわ」と答えましたが、いつものように小言を言いたい誘惑に襲われました。けれども母親は「見つかるといいわね」とだけ言ったのです。

二日後、スーザンは裏庭に置き忘れていたグローブを見つけました。ところが、あいにく雨が降っていたし、さらに犬がグローブを噛んでいたのです。グローブはまだどうにか使えそうでしたが、スーザンは「新しいのを買って！」と母親に頼みました。

この時にも母親はお説教をしたり、「だから私が言ったでしょ！」と言って娘を責めたくなる気持ちを抑えました。「あなたのグローブがこんなになってしまって気の毒ね。でも私は、あなたが自分の物は自分で何とかするようにしよう、と決めたの。だからすぐに新しいグローブを買いに行ったりすれば、私は自分が決めたことを破ってしまうことになるわ」。

〈コメント〉

スーザンの母親はあくまでも娘が自分の行動の結果から学ぶようにと素晴らしい判断をしました。このような体験からスーザンは自分の持ち物はもっと大切にしなくてはならないということを学ぶでしょう。母親が娘を勇気づける態度を示していますので、スーザンは母親を責めたり、闘おうとしたりして、自分の責任を誰かに転嫁したりすることもできにくくなります。

第9章 協力する

私たちはなぜ二つの耳とたった一つの口を持っているのでしょうか。それはたくさん聞いて、少し話すためなのです。

シティムのゼノ

子ども自身が問題を持っているときには、親は子どもが自分の力で問題を解決できるように協力することができます。そうすれば、親は子どもが自分の問題に取り組む責任やそのために必要な勇気を奪うことはないでしょう。子どもは、親からの積極的なサポートを通して「一人で考えるよりも、二人のほうがいい」つまり、協力して問題解決に取り組めば、より良い解決が生まれるということを学びます。チームでの問題解決は勇気づけられ、確信できる体験です。そして、協力することの必要性を教えてくれるものなのです。

コミュニケーションの壁

子どもを勇気づける第一歩は、子どもの勇気をくじかないようにすることですが、同様に、効果的なサポートの第一歩はコミュニケーションの壁を避けることです。このコミュニケーションの壁とは、親から聞いてもらえない、と子どもに感じさせるような親の言葉や態度です。これは真のコミュニケーションの中で感じる心のふれあいを妨げます。心を傾けて本心から聞いていない人に、どうして自分の思いや気持ちを伝え続ける必要があるのでしょうか。それでは親がコミュニケーションを妨げる例をいくつかあげてみましょう。

例えば、子どもが友だちからひどいことをされた、と言っています。(それが本当にひどいことなのか、その子どもが正しいのかは別の問題として)親はその内容や子どもの言葉の背後にある子どもの気持ちに耳を傾けることもできるし、あるいは逆に「甘えるのはやめなさい」とか「文句を言うのはやめなさい」などと言って抑えつけることもできます。しかし、もしそのように関われば、子どもとのコミュニケーションはこれ以上深まることはないでしょう。

また、子どもが自分の勇気や能力を試される不安を話しています。親はその不安の内容に耳を傾け、子どもが話したいだけ話すように聞くこともできます。また、あるいは子どもを慰めたり、気をそらせることもできます。

例えば「あなたはいつも大丈夫だよ」「大変そうだけど、思ってるほどでもないよ」「そんなに心配することはないよ。明日になればうまくいくさ」など、「そんなに大したことはない」と言う人に、これ以上子どもは心配なことを話し続けることができるでしょうか。

また、子どもが友だちや先生や家族の誰かと上手くいかないで辛いと話しています。親は子どもの心の痛みに耳を傾けることもできるし、お説教したり説得したりすることもできます。「あなたはただヤキモチを焼いているだけよ」「そんなことじゃダメ。もっと相手を知らなきゃ」「だからあなたは、皆自分で問題を引き受けすぎるのよ」などと言うこともできます。ふつう親は子どもが可愛いから、あるいは可哀相だからなどの好意でそのように言っているのです。

〈ケース21〉

ブラッドフォード医師は車寄せでエンジンを修理していたとき、遠くで男の子が泣いているのが聞こえました。振り返って見ると、息子のジェイソンが泣きながら走ってきました。ジェイソンはおもちゃのトラックを握りしめ、すすり泣いています。

父親は息子に言いました。

「どうしたんだい？」

「パパ、ジミーがぼくを叩いたんだ」

父親は続けて尋ねました。

「いったい何が起こったんだい？」

「ジミーが、ぼくを押し倒して、ほら、怪我したんだ。痛いよー」

ジェイソンは泣きながら、擦りむいて血がにじんでいる膝を指さしました。

「ジェイソン、泣くのはやめなさい。きみはどうしてジミーに叩かれたんだ？」

「ぼくは何もしないよ。黙って立っていただけなのに、ジミーが後ろから押し倒したんだ」

ジェイソンはすすり泣きしながら話しました。

「ジェイソン、きみは泣いちゃいけないんだ。男の子だろう。しっかりしなさい。きみがしっかりしないから、こんなことになってしまうんだ！」

父親は興奮しながら息子を叱りつけました。

ジェイソンはすっかり気を落とし、しょんぼりして父親から離れていきました。

〈コメント〉

何よりもまず父親は、この問題がジェイソンのものだということに気づきませんでした。息子の問題を父親のほうが引き受けてしまい、質問し、命令し、そして説教して、何でもわかっているように言って聞かせることによって、コミュニケーションの壁を作ってしまったのです。ジェイソンが傷つき父親の側を離れていったのも当然です。父親は息子がジミーとの問題を自分で解決する援助をしなかっただけではなく、もう一つの問題まで作ってしまったのです。ジェイソンは自分のことをダメな奴だと思っている父親と暮らさなければならない、という問題を抱えてしまったのです。もしあなたがジェイソンの立場だったら、その後も親しみを持って父親と関わることができるでしょうか。

アクティブ・サポート

アクティブ・サポートは子どもが自分の問題を解決するとき、積極的に親が協力し、サポートする方法です。次の5つのステップを学び練習すれば、着実にサポートすることができるでしょう。それは、「1、積極的に聞く」「2、感情を聴く」「3、感情と問題の内容を結びつける」「4、選択肢を探し、結果を予測する」「5、フォローアップ（最後まで見届ける）」です。

1、積極的に聞く

たいていの人は聞いています。しかし本当に聞いている人はどれくらいいるのでしょうか。あなたが充分に聞いているとき、それは単なる情報の受け手ではありません。そのコミュニケーション・プロセスの積極的な参加者なのです。耳や目、頭だけではなく直感でも聞くことができます。子どもの話を積極的に聞くことは、子どもが思ったり、感じたりしていることを表現するように勇気づけることにもなります。子どもの話を積極的に聞くときには、あなた自身の話は最小限度に抑え、子どもに充分な関心を向け、耳を傾け、真剣に聞いていることを伝えます。

2、感情を聴く

あなたにも、子どもにも「悪い感情」というものはありません。確かに不愉快な感情はありますが、感情そのものは正しい感情も間違った感情もありません。感情はただそこに存在するのです。私たちはその感情を好むと好まざるとにかかわらず影響を受けます。ですから私たちが感情を認めずに無視すれば、感情はもっと強い力で私たちを動かそうとするのです。

自分の感情に気づき、認め、そして感情を受け入れるということは、必ずしも感情に流されて行動することではありません。ただ状況や、問題や、環境に対して、自分がどのように反応しているのかを知るためなのです。ですから問題に対して、自分がどう感じているかを知ることは、問題解決の第一歩なのです。

あなたは子どもの言葉の中に隠された子どもの感情を聴くことによって、子どもが自分の感情を認めるようにサポートすることができます。子どもは自分の感情に気づかないこともあるのですが、その感情に名前（寂しさ、悔しさ、愉快、など感情を表す言葉はたくさんある）をつけるよう援助すれば、子どもは自分の本当の気持ちに気づくでしょう。

3、感情と問題の内容を結びつける

あなたは子どもの話を積極的に聞いて、子どもがどのような感情を持っているのかわかったら、次のステップはその感情をそのまま子どもに返してあげることです。これが心理学者のハイム・ジノーが「感情の鏡」と呼んだものに当たります。このようにすると子どもは自分の感情を問題の内容と結びつけることができます。

4、選択肢を探し、結果を予測する

子どもが効果的に問題を解決できるようになるためには、いろいろな選択肢を見つけ、あり得る結果を予測するようになることです。多くの場合、子どもが自分の感情と問題の内容を結びつけるよう援助するだけで、解決が見えてきます。しかしもっと難しい問題もあり、その状況を変えるためには、何らかの行動が必要になることもあります。どのような場合でも可能な選択肢を探すよう、子どもを励ますことから始めるとよいでしょう。そしてどの選択肢を選ぶのか。最終的な責任は子どもが持つ、ということが重要なのですから、できる限り子どもに解決の答えを簡単に教えないようにしましょう。子どもはどうすればよいかを自分で考えることによって、セルフエスティームが育ち、自分の選択に対する責任も受け入れるようになるでしょう。

5、フォローアップ

子どもの問題から手を引く前に、もう一つやることがあります。それは子どもがどうするのかを決断し、選択したことを実際にやっているかどうかを見届けることです。子どもに「何を」「いつ」するつもりか聞いてみます。アインシュタインでさえも自分の行動方針が明確になる前に、新しい情報を時間をかけて考える必要があったのですから、子どもにはどうぞ優しく聞いて下さい。

子どもが問題を解決するチャンスの後であなたはフォローしていくわけですが、その時、例えば「今、どんなふうになってる？」などと聞いてみましょう。最後までフォローすることは、子どもが体験の意味を知ることや、あなたが関心を持って子どもを見守っていることを知らせることにもなります。

〈ケース21（別のやり方で）〉

ブラッドフォード医師は車寄せでエンジンを修理していたとき、遠くで男の子が泣いているのが聞こえました。振り返って見ると、息子のジェイソンが泣きながら走ってきました。ジェイソンはおもちゃのトラックを握りしめ、すすり泣いています。

父親　「どうしたんだい？」
ジェイソン　「パパ、ジミーがぼくを叩いたんだ」
父親　「いったい何が起こったんだい？」
ジェイソン　「ジミーが、ぼくを押し倒して、ほら、怪我したんだ。痛いよー」
父親　「どれどれ、あー、これは痛いだろう」
ジェイソン　「痛いよ、痛いよ」
父親　「何が起こったのか、詳しく話してごらん」
ジェイソン　「ぼくはただ新しいこのトラックを持って立っていただけなんだ。そしたら突然ジミーがぼくを押し倒したんだ！　ジミーの奴なんか大嫌いだ」
父親　「ジミーのことを、とても怒っているみたいだね」
ジェイソン　「当たり前だよ、ジミーはぼくに怪我させたんだ」
父親　「傷はまだ痛いかい？」

ジェイソン　「ウーン、今はそんなに痛くないけど、でもあの時はとても痛かったんだよ」
父親　「そうだろうね」
ジェイソン　「ジミーが押し倒すなんて、全然思ってもいなかったんだ」
父親　「ジミーがきみを押し倒したとき、びっくりして怖かったんだね」
ジェイソン　「そうだよ、パパ。ジミーなんて大嫌いだ。ジミーの奴、今度は叩きのめしてやるんだ。あいつも怪我すればいいんだ！」
父親　「仕返しすることもできるね。もし、そうすればどうなると思う？」
ジェイソン　「えーと、あいつはぼくよりも大きいから、ぼく、殴られるかもしれない」
父親　「何か他にやれるようなことはないかな？」
ジェイソン　「じゃあ、もうジミーとは遊ばないことにする」
父親　「なるほど、ジミーは、きみを押し倒すなんて、ちょっと怒っていたのかい？」
ジェイソン　「知らないよ。ぼくはそこに立っていて、新しいトラックで遊んでいたんだ。あいつがトラックを見せてって言ったから、ぼくは、これは買ってもらったばかりの新品で、とても高いから貸せないって言ったんだ」
父親　「そうか、わかったよ。そうだったんだね」
ジェイソン　「そうだよ、新品だよ」

父親　「確かにそうだね。きみはトラックをジミーに貸したくなかったんだね」
ジェイソン　「だって壊すかもしれないもの」
父親　「ジミーと仲良くトラックで遊ぶ方法はないかな？」
ジェイソン　「うーん、ジミーに遊び方を教えてやれば、一緒に遊べるかもしれないけど、どうしても一緒に遊ばなくちゃならない？」
父親　「無理に一緒に遊ばなくてもいいけど、ジミーもそのトラックで遊んでみたいんじゃないかと思ってね」
ジェイソン　「うーん、もしかすると遊ぶかも、いや、遊ばないかもしれない」
父親　「そうだね、それはきみが決めることだよ。きみがどうするか決めたら教えてほしいな。どうなったのか聞きたいからね」

（次の日）

父親　「ジェイソン、昨日のこと、どうなった？」
ジェイソン　「ああ、ジミーが丁寧に扱うなら、トラックで遊んでいいって言ったんだ」
父親　「そりゃ、良かったね。きみが自分でちゃんと決めることができて、嬉しいよ」

第10章 ファミリー・ミーティング

民主主義はとてもまずい政治の形態だ。しかし他の形態はみな、さらにもっとまずい。

著者不明

この右の言葉とは反対に、私は民主主義がそれほどまずいとは思っていません。ただ不完全なのです。問題もありますが、市民による協力的で責任ある努力（みんなの勇気に支えられた）は素晴らしい成果をあげています。

アクティブな親として、もしあなたの子育ての目的が、社会の中で生存し繁栄することのできる資質を子どもの中に育てることであるならば、家庭ほど良い土壌はないでしょう。これまで私は、子どもが親の決定に影響を与えることの重要性を述べてきました。このような影響、つまり自分たちの声や自分たちの意見が親の決定を変えることもあるということは、子どもの協力精神と責任感を育て、同時に親に対しての怒りや反抗を減少させるのです。

この章では家族の誰もが自由に自分の意見を言えることを保証することで、家族の協力が得られる方法をみていきます。このファミリー・ミーティングはすべての家族メンバーが同等の立場で参加し、一緒に考えて決定する会議なのです。またファミリー・ミーティングを開くことによって、親子で協力してさまざまな問題を解決していくことができる素晴らしいチャンスになるのです。

ファミリー・ミーティングから生まれるもの

定期的なファミリー・ミーティングを開く理由として（他にももっとあるかもしれませんが）次のようなことを考えることができます。

協力…家族はみな同じ船に乗っており、どこに向かって、どのように舵をとるかを決める最善の方法は同意に達するまで気持ちや意見を分かち合うことだということです。

責任…すべての家族メンバーはひとたび選択が決まれば、みんながその結果を引き受けなくてはならないため、家族のために可能な最善の選択をしなければならないことを学びます。

勇気…一人ひとりの勇気を試す場です。たとえ自分一人の意見でも、自分の本当の気持ちや感じていることを言うことがどんなに重要なのかを学びます。

愛…家族のみんながお互いに自分の思いを正直に分かち合うことで家族の輪の中で愛が流れます。

一体感…共通の目的を持ち、共通のやり方で問題解決や決定をすることにより、一つに結び合っているという意識が芽生えます。

共感…家族の意見を聞くことで、その人の気持ちを尊重することによって、勝手にあしらわないことや豊かな思いやりの気持ちを育てます。

教育…この社会で生きていく方法を学びます。それぞれの家族は一つの小さな社会であり、子どもが家族の中で培った社会的なスキルと態度は社会の中でも役に立つものです。

ミーティングのルール

1、全員が平等に意見を言える

親が自分の権威を放棄するのは難しいかもしれませんが、決定に際し全員が平等に意見を出すことができなければ、ミーティングは上手くいきません。小さな子どもも含めて、すべての人が自分の意見はきちんと聞いてもらっていると感じること、そして家族の決定にそれぞれの意見が反映されていることを知ることが必要です。もし親がすべてを決めてしまうようであれば、子どもは何の熱意も持てないでしょうし、ミーティングが何の意味もないものになってしまうでしょう。

2、自分の考えを表現できる

すべてのことにみんなが自分の考えや気持ちを表現できることが大事です。みんなに納得がいき、公平な決定をするためには、反対意見も含めて、すべての意見や気持ちを聞く必要があります。例えば賛成できない意見や、不愉快に思う気持ちや考えを子どもが言ったとしても、それを親が不賛成だと言うことは避けるべきでしょう。また引っ込み思案で、上手く話せない子どもには、自分の意見を言うように優しく促して下さい。

3、合意によって決定する

合意による決定とは、反対意見がある場合に、全員が賛成するまで話し合うことです。多数決で決めるのではありません。多数決は、例えば子どもの数が多ければ、ディズニーランドのように楽しいことばかりを採決するようになってしまうでしょうし、少数派は怒ってその決定に従わないようになるかもしれません。みんなが同意できるまで話し合っていくほうがずっと効果的です。もし全員の合意が得られないならば、次のミーティングまで持ち越しにするか、あるいは緊急な場合には親が家族のリーダーとしての責任で決定するかの二つの方法があります。

4、決定は次のミーティングまで試される

決定したことは、次のミーティングまで実行してみて、もう一度話し合うことができます。出された決定に対して不満があれば、「次のミーティングでもう一度議題にしてはどう？」と応じましょう。

5、親に任される決定

ミーティングで決められたことを、親は何でもその通りにしなければならないというわけではありません。子どもの健康に関することや福祉は基本的に親の責任であり、親だけで決定する場合もあります。けれどもいつでも話し合いはするべきです。子どもの意見も聞くようにしなければならないでしょう。

例えば転勤が決まった場合には、子どもが反対しても引っ越しできないわけではありません。しかし、子どもは引っ越しに対しての意見や気持ちを言うことができますし、その計画を一緒に立てることもできます。要するに自分がやりたいようにすることではなく、自分の意見を言うことができるということが大事なのです。

グループの中での問題の扱い方

誰の問題であっても、家族の問題はなるだけファミリー・ミーティングで話し合うほうが良いのです。その場合には次のようなステップがあります。

1、問題を取り上げる

不満や問題を持っている人に話してもらいます。そして何が起こったのか状況を説明してもらうのです。

2、話をよく聞いて、問題をはっきりさせる

問題をはっきりさせ、本人の言っていることをフィードバックします。そして問題の核心をまとめます。それからみんなでその問題についての意見や気持ちを分かち合います。

3、ブレイン・ストーミングで可能な解決を出す

どんなにばかげているとか現実的ではないと思う意見であっても、問題に対してあらゆる解決策を出し合います。一つのアイデアが別のアイデアを生み出し、一人の人のばかげたアイデアの中に現実的な解決のヒントが隠されているのかもしれません。ですから、どんな意見でも出すことが大事です。

いろいろなアイデアを自由に話せるようにするために、この段階では誰かのアイデアを批判するのは許されないのです。良い、悪いにかかわらず、いろんなアイデアを出すだけです。それから、一つひとつのアイデアを検討します。

4、話し合いの中から結論を出す

ここではそれぞれの解決法について、それぞれが意見や気持ちを言うことができます。大多数の者に受け入れられない方法は外していき、みんなが受け入れやすいと思う、一つ、二つのアイデアを最終的に検討していきます。そして最後の同意が得られるまで話し合いを続けます。

5、決定を実行に移す

ブレイン・ストーミングと話し合いによって出た決定は実行に移されます。

〈ケース22〉

コールマン家のファミリー・ミーティングの記録

日曜日の午後七時、コールマン夫人はダイニング・ルームのテーブルにいる。

コールマン夫人　「みんないらっしゃい。七時ですよ。ファミリー・ミーティングの時間ですよ」

（コールマン氏、デクスター、アリソンが入ってくる）

デクスター　「そうか、今日はアリソンをジプシーに売り渡す相談だね？」

アリソン　「（笑いながら）デクスター、何言ってるの？　あなたをサーカスに売り渡そうっていう話よ」

コールマン氏　「そんなことしないさ。デクスターはすでにバスケットボールの選手だからね。彼をボストンのラリーバードに売り込むんだよ」

アリソン　「ラリーバードってどんな鳥《バード》なの？」（みんな笑う）

コールマン夫人　「みんなが揃ったところでミーティングを始めましょう。デクスター、今日は

デクスター　あなたが司会だと思うけど」
デクスター　「オーケー、今からミーティングを始めます。最初は誰が発言しますか？」
(アリソンはニヤニヤ笑っているが、両親の目配せでデクスターはミーティングを進める)
デクスター　「つまり、誰か感謝の言葉を言いたい人はいませんか？」
コールマン氏　「じゃ、デクスター、コンピューター・プロジェクトのことで、きみにありがとうと言いたいね。きみが去年の夏に参加したコンピューター・キャンプは本当に役に立っているね。きみが作ったのは素晴らしいプロジェクトだったよ」
デクスター　「アリソンに、ありがとう。今週もまたぼくの部屋に入ってこなかったからありがとうと言いたいね」
アリソン　「あたしはデクスターがコンピューターでアストロンをひくやり方を教えてくれたから、嬉しかった。ありがとう」
コールマン夫人　「私は二人が水曜日にステキなディナーを用意してくれたからありがとうって言いたいわ」
コールマン氏　「うーん、本当だ。あのピザにはびっくりしたな！　うまかったナー」

デクスター　「他にないですか？　ないですね。じゃ、前回の議事録を読みましょう。お父さんが書記だったよね」
コールマン氏　「じゃ、いくよ」
1、来年のグランドキャニオンへのドライブについて
2、今度の感謝祭にいとこ、叔父、叔母を招待すること
3、デクスターとアリソンは毎週一回ディナーを作ってくれることに同意してくれた
（「ピザには驚いたナー」、父親が舌なめずりをすると、みんなが笑った）
デクスター　「残っている議題はありませんか？」
アリソン　「グランドキャニオンのこと、多数決で決められるかな？」
コールマン夫人　「私も旅行のことを考えるとワクワクするわ。でも多数決では決められないの、同意じゃないとね」
デクスター　「そうだね、同意だね。じゃ、先週はタイムオーバーになったから、その話し合いをしよう」
コールマン氏　「私はいいと思うけど、緊急の議題があるから、十五分だけと決めたらどう？」
デクスター　「はい、ではグランドキャニオンの話をしますか？　賛成ですか？」

コールマン夫人　「私は仕事の都合で、七月末がいいけど」
コールマン氏　「私もその二週間なら、都合がいいな。でもそうすれば、いつも四週目に行っていた、海へは行けなくなるけど」
デクスター　「海はやめて、コロラド川で泳ぐこともできるね」（十分経過）
コールマン氏　「（メモを読む）七月十七日の朝五時に家を出発する。そうすれば午後早いうちに最初のキャンプ地に着ける。それからテントを張って、泳ぎに行こう。私たちはキャニオンに着くまでデクスターが見つけた公園でカー・キャンプをすることになる。キャニオンの中ではどんなルートがあるのか明日お母さんが電話で調べるから、それは来週話し合おう」
アリソン　「わーい！」
デクスター　「では何かお金の問題は、ありませんか？　ではお母さん、お小遣いを配ってくれませんか？」（コールマン夫人はデクスターとアリソンに週ごとのお小遣いを渡す）
デクスター　「ありがとう、これが欲しかったんだ」
アリソン　「ありがとう。わたしもよ！」
コールマン氏　「何か新しい議題があるのかい、デクスター」

デクスター　「うーん、議題には、『デクスターがあたしをたたく　アリソン』って書いてあるよ」
コールマン夫人　「じゃ、デクスターのことだから、司会は替わりましょうか」
デクスター　「いいよ。そのほうがいいと思う」
コールマン夫人　「じゃアリソン、詳しく話してくれる？」
アリソン　「いいわ。あたしがテレビを見ているとデクスターがフットボールの試合を見たいと言ったの。それでダメよって言ったらあたしを叩いたの」
コールマン夫人　「デクスターは、何か付け加えることはない？」
デクスター　「それは正確じゃないよ。ぼくは一週間前から楽しみに待っていたんだ。アリソンはくだらないアニメを見ていたんだ」
アリソン　「くだらないって何よ！」
コールマン夫人　「アリソン、今はデクスターが話す番よ。デクスター、続けて話してくれない？」
デクスター　「とにかく、ぼくはアリソンにそれだったら自分の部屋で見られるけど、試合はケーブルテレビでしか見ることができないから、ぼくはここで見たいって言ったんだ。それからチャンネルを変えたけど、アリソンはすぐにチャンネルを戻すんだ。だから、もう一度変えたら叩くよって言ったけど、聞かなかったから」

アリソン　「それで、あたしの肩を叩いたの」

コールマン夫人　「アリソン、デクスターが言ったことは間違いないのね？」

アリソン　「そうよ」

コールマン氏　「アリソンはデクスターをちょっと挑発しているみたいだな。だけどデクスター、家族のルールで叩かないということは知っているね」

デクスター　「わかってるよ。だけどアリソンにはとても頭にくるんだ！」

アリソン　「だけどあのテレビはあなたのじゃないわ」

デクスター　「わかってるよ。だけどきみは他のテレビで見ることもできたんだよ」

コールマン氏　「そうかい？　アリソン」

アリソン　「たぶんね」

コールマン夫人　「他に言いたい人はいませんか？　では解決策を出して下さい」

デクスター　「アリソンがテレビを譲らなかったことを謝るなら、ぼくは叩いたことを謝るよ」

コールマン氏　「もし誰かがケーブルテレビを見たいと思っているときに、他の人がこのテレビでふつうのテレビ番組を見ていたら、ケーブルテレビを見たい人が優先的にこのテレビで見ることができるということに同意できるんじゃないかな」

コールマン夫人　「それは良いアイデアね。でも私はデクスターが叩いたことを問題にすべきだと思うわ、約束を破ったのだから何かつぐないをすべきだと思うけど」

デクスター　「わかったよ、ぼくはパパのために溝の掃除ができると思う」

コールマン氏　「そりゃ、助かるね。だけどアリソンに関係するような手伝いをしてもらいたいね」

コールマン夫人　「デクスターがアリソンの遊び相手になるっていうのはどうかしら？」

デクスター　「遊び相手になってもいいよ。そのほうが筋が通っていると思うし」

コールマン夫人　「アリソン、あなたはどう思うの？」

アリソン　「デクスターが、もう叩かないって約束してほしいの」

デクスター　「約束するよ」

コールマン夫人　「嬉しいわ。ところでアリソン、デクスターが遊び相手になるというのはどうかしら？」

アリソン　「いいわ」

コールマン夫人　「みんな同意しますか？　いいですね。私たちは意見が一致しました。では同

コールマン夫人　意事項を読んで下さい」（コールマン氏はミーティングの記録を読む）
「何か付け加えることはありませんか？　ではそろそろお楽しみの時間ですね。
アリソン、今日のおやつはフルーツケーキかしら？」

アリソン　「はずれ！」（アリソンはキッチンへ走ってピザの皿を持って戻ってくる）

コールマン氏　「それがもう一度食べたかったんだ。ピザとはびっくりだな！」

第11章 家族の絆を育てる

子どもの中にこそ、未来はある。

アルフレッド・アドラー

この本のテーマの一つは、私たちは社会で生きるためには、お互いに協力し合うことが必要である、ということです。協力とは、私たちはみんな一緒なのだ、という前提です。事実、協力精神は、地球上のすべての民主国家の歴史の中に流れています。私たち一人ひとりの人間の力は限られています。ですから、私たちはさまざまな人の知恵や能力を出し合って、みんなで協力しながら生きていくのです。

しかし、最近、この協力精神が危機的な状況になってきました。私は、たぶんあなたも「わたし」をもっとも大事にする世代に属しているかもしれません。その世代の主な特徴は、自己中心主義、自己愛、そしてナンバーワンを勝ち取りたいという考え方が広がっていることでした。それは個人的な成長と、個人的な満足がより優先され、明らかに前世代の「あなた」つまり、他者を含む周りへの配慮をもっとも優先する世代への反動だと考えることができます。

伝統的な前世代の「あなた世代」も、「わたし」をもっとも大事にする「わたし世代」も生き残ることはできません。「あなた世代」は、周りはお互いにつながり合っており、周りで起こることは、すべての人に影響を与え、私たちすべてに関わっているという、強い信念を持っています。一方、「わたし世代」は、自由は必ず限界の中にあり、自分の力や援助にも限界があることを学んでいます。それに「わたし世代」の人々は自分の足でしっかりと立つことを学んできましたので、二十一世紀を生きるための自己信頼感を育てることに貢献してきました。ですから、私たちは幸いなことにその二つの世代を統合して新しい世代を創り出すことができるのです。

この二つの世代の統合によって「われわれ世代」を立ち上げる必要があります。いまや世界は狭く、われわれは皆つながっているという気持ちが育っていけば、他の人たちと協力し合うだけでなく、自己信頼感もしだいに発達していくことでしょう。子どもたちに「われわれ世代」としてのつながりの感覚を育てることは、子どもの価値観や行動を勇気づけることと同じです。私たちはこの本から学んだスキルを、このような目的のために使うことができるのです。

つながりの感覚を育てるために——勇気づけのスキル

これまで述べてきたように、子どもに価値観や行動を教えるもっとも効果的なやり方は、肯定的なものを強調することと、そして基本的な目標に対する肯定的な関わりを勇気づけることです。それでは、つながりの感覚を育てるための方法を詳しくみていきましょう。

1、勇気をくじくことを避ける

肯定的な価値を学ぶためには、肯定的なセルフエスティームと勇気が必要です。ですからまず、子どもの勇気をくじかないようにしましょう。私たちは特に望ましい価値に向かう動きに対して勇気をくじくことは避けたいと思います。また、子どもがわがままであったり、協力を拒むときばかりに気をとられ、子どもの嫌な部分に関心を集中するのは避けましょう。

2、子どもの良さに関心を向ける

子どもが他者と関わっているという、つながりの感覚のサインを見つけたら、そのことを話題にして認めましょう。

例えば「一生懸命にやってくれてありがとう。とっても助かったよ」「みんなで一緒にやれば、こんなに早くできるのね。すごいじゃないの」「あなたが弟と仲良く遊んでくれてとても嬉しかったよ」などです。もし小さい子どもであれば、ベッドタイムの時間に「今日はどんなことを学んだかしら？」「誰のお手伝いをしたのかな？」というような問いかけをすることでつながりの感覚やセルフエスティームを刺激するのに役立つでしょう。

3、信頼を表す

子どもが、自分は何かの（誰かの）役に立つことができ、そのためにたくさんの良いものを持っている、ということを理解するために援助しましょう。例えば「あなたはできると思うよ」「あなたがそうしてくれたらすごく助かるわ」「あなたはきっとやり続けることができると思うわ」などと励ますことができます。

4、ありのままの子どもの価値を認める

あなたの子どもはかけがえのない大切な存在であり、個性的で、世界でたった一人だ、ということを子どもに教えてあげて下さい。それと同時に、この特別な子どもは集団（群）の一部、つまり家族、学校、都市、国、民族、宗教、さらに地球の一部であることを教えてあげて下さい。あなたが属しているそれぞれの集団に対する誇りを表現し、同時に他の人々に対する尊敬も教えてあげましょう。なぜなら、私たちはみんな他のすべての人たちと同じ人類という一つの大きな集団に属しているのですから。

5、自立と相互依存を励ます

「わたし世代」は自立への願望を、そして「あなた世代」は相互依存に焦点を当ててきたので、「われわれ世代」は、一人ひとりが自立していながら協力的に依存し合っていることがわかるでしょう。つまり世界は自分自身だけではなく、勇気を持っている自立した個人同士が相互依存することを通してもっとよく繁栄するのです。

6、アクティブ・コミュニケーション

これは子どもが自分で問題を解決するのを援助するやり方です。問題に直面しているとき、他の人のサポートと解決のアイデアを受けるという体験は、私たちがお互い支え合っているという再認識になるでしょう。なるだけ時間をとって、日常的に子どもと一緒にアクティブ・コミュニケーションを使ってみて下さい。

7、ファミリー・ミーティングを開く

これこそまさに、つながりの感覚の縮図と言えます。ファミリー・ミーティングを開くことで子どもに集団として行動することを教え、その結果、子どもは素晴らしい帰属心を養うことができるのです。ミーティングは定期的に行うことが理想ですが、多くの家族がミーティングの習慣がないため、わざわざ時間をとって開くことは難しいかもしれません。けれども是非、あなたの家族でミーティングが習慣になるまで続けてほしいというのが私の願いです。もしファミリー・ミーティングを開くことが家族の生活の一部になれば、きっとあなたは続けてきたことをとても嬉しく思うことでしょう。

8、家族の絆を豊かにする活動を考える

この本で提案されているような、家族の絆を豊かにする方法は、お互いのつながりの感覚を育てるために役に立ちます。特にお互いを尊敬するという考え方は、子どもが、自分だけではなく他の

人も自分と同じように大切なのだ、ということを学ぶ援助になるのです。

きょうだいのライバル競争をなくし、「われわれ感覚」を育てるために、特別に家族でのお祝いのパーティーを計画し、そこで家族の中の誰かの成功を家族みんなで祝い、共に喜んで下さい。家族の誰かが何かに成功すれば、みんながそのパーティーで楽しむのです。例えば特別の食事とか、ケーキとか、イベントなど……。

価値と行動を教えるために――誤った行動に対してのしつけのスキル

子どもに親の価値を教えるもっとも効果的なやり方は、勇気づけと良い見本を示すことです。それに、しつけもまた役に立ちます。しつけは限界を定めることによって、子どもにしてはいけないことを教えるからです。つながりの感覚を教えるために私たちは自己中心性、家族のために何もしない場合、あるいは他の人たちに対する無関心や尊敬の欠如に制限を与えます。

しかし、時には誰とも会いたくない場合や自分だけでやりたい場合もありますので、それを問題として見ないようにして下さい。ある程度の自己中心感覚は、つながりの感覚のなくてはならない一部分であることを認め、行動を制限するのではなく、励ましましょう。

また、罰を与えることは、しつけとしては何の役にも立たないということを心に刻んでおいて下さい。もし子どもがわがままな行動をしたからといって叩いたりすれば、子どもは自信をなくし、その結果、親との権力争いやひそかに親への仕返しを考えるようになります。これでは協力精神を育てることはできません。

1、誤った行動の目的を見つける

私たちは子どもの誤った行動をやめさせる前に、何のためにこのような行動をしているのかを知ることが大事です。つまり子どもの行動の目的を見つけなければなりません。そうしなければ子どもの行動だけに反応してしまい、いつまでもその誤った行動を続けさせることになるでしょう。

＊注…子どもは成長するに従って、自分の身体を自由に動かすことができるようになります。どこにでも自分の好きな所に歩いていくことができ、自分の好きなもので自由に遊ぶことができるようになります。このように自分に「ちから」が備わったことを感じると、親と同じように何でも自分でできると、思ってしまうのです。しかし、まだまだ子どもは未熟なため、親は危険を防止するために、あるいは「しつけ」のために子どもの行動を遮ったり、抑制したりして制限することになります。

そこで子どもは自分の要求や欲求をどうにかして押し通そうとします。「私は、自分がやりたいときに、自分がやりたいことをしたい」という子どもの自己主張は、ほとんどの子どもが一度は表現する自然な成長の証なのです。このように子どもは成長するに従って、しだいに、世界は思い通りにはならない、ということがわかり始めると反抗し、それから親との権力争いが始まることが多いのです。

このようなことが、だいたい二歳頃に起こるので「恐るべき二歳児」とも言われるのです。子どもは二歳の頃に始まる、この「私は（私が）……したい」という主張を周りと折り合いをつけながらタイミング良く手放すことができないため、子ども時代を通して権力争いが起こることが多いようです。ですから親は「つながりの感覚」の価値を教え、特に権力争いに巻き込まれないように注意しましょう。つまり、闘わないし、降参もしないということです。二歳児の頑固な自己主張には時にはユーモアで返すような心のゆとりも必要でしょう。

2、マイメッセージを送る

多くの場合、毅然とした、相手を責めない、良いコミュニケーションだけでも、限界を定めるのに充分です。マイメッセージは限界を定めるだけではなく、何が求められているかを子どもに知らせます。

例えば「あなたが自分の決められた仕事をしないと、私は困ってしまうの。だって、家事全体が上手く回っていかないからよ。夕食の前に掃除を済ませておいてほしいの」「あなたがおやつを冷蔵庫から自分のぶんだけを持ってくると、ちょっとがっかりするの。だって私はいつもあなたに持ってきてあげるでしょう。今度から『おやつはいる？』って聞いてほしいな」などと言うことができます。

3、自然の結果に任せる

あまりにも自己中心的であると、当然子どもには友だちがいなくなるでしょう。子どもにこのような行動と、結果をわかりやすく結びつけるように援助することは豊かな感性が必要なことであり、最善のアクティブ・コミュニケーションのスキルが必要になってきます。

4、論理的な結果を使う

マイメッセージで問題が解決せず、当然の結果が使えない場合、論理的な結果を取り入れることは選択の練習になります。「……してから……する」「……するか、それとも……するか」の選択を与えることは、子どもの行動を制限することで、子どもの価値を制限する援助になります。

例えば、

順番を守らないとき…「あなたが順番を譲ってくれる気持ちになったら教えてね。そうすればまた一緒に遊べるわ」（と言って親は離れていく）

家事を手伝わないとき…「あなたがお掃除を終わったら、私は夕食の準備をすることにしよう」
悪口を言う…「私の悪口を言わないで話すか、それとも今すぐ話をやめるか、どちらかを選んでね」

世界でいちばん大切な家族

家族の絆を強め、つながりの感覚を育てていくための最終ステップは家族の結束を強めることです。あなたの家族が伝統的な大家族、核家族、あるいはシングルマザー（シングルファザー）の家族、または養子家族など、たとえどのような家族形態であれ、その家族単位はきわめて重要なので、私は家族を価値あるものだと考えています。あなたの家族は今だけではなく、この世紀を通して人間のコミュニティー全体の中で重要な価値を持っているのです。

家族は、人間が、自分たちは決して一人では生きていくことができず、小さな少人数の協力的な単位を作ることによって生存し、さらに繁栄していくことができる、と悟って以来、文明を支えるバックボーンとなってきました。家族はまた、支え合い、勇気づけ、そして暮らしの原点になっています。さらに家族は圧倒されそうなさまざまな困難から、何度も何度も私たちを守ってきました。

子どもに、あなたは家族の一員なのだと教えて下さい。家族単位の活動を頻繁に計画し、「私たちの家族では……」という言葉を使って、自分の家族の伝統や儀式を作っていって下さい。あなたの家族は、子どもにとって世界でいちばん大切なのです。家族を通じてあなたの子どもはもっと大きな人間という家族に属していることを学んでいくでしょう。子どもたちの貢献は、明日の家族の形態を作っていきます。なぜなら「子どもたちの中に、人類の未来はある!」からです。

私たちの人生が終わるとき、心によみがえるのは
自分がどれくらい財産を築き上げたか、どれくらい贅沢な暮らしをしたか、
どれくらいの地位や事業を達成したか、ではない。
私たちの人生が終わるとき、最後のまばゆい光の中で、よみがえってくるのは、
自分の愛する人たち、友だち、夫や妻、子どもたち
その人たちと、本当に心が満たされ、満足できる関係がつくられたかどうか、なのだ。

マイケル・ポプキン

訳者あとがき

私はハコミセラピストとしてたくさんの方にお会いしていますが、子どもの頃に成長するのに必要な体験が得られなかった方が多いのです。親は子どもを可愛がって育てた、子どもの気持ちを聞いてあげた、やりたいことは何でもやらせてあげた——それなのに子どもは生きる自信を失い、自分らしい人生を生きられなくなっていることが、とても多いのです。子どもの成長にとって本当に何が必要なのでしょうか？

子どもを親の思い通りにさせようとすれば、子どもは反抗するか、あるいは親の気に入られる「いい子」になろうとするかもしれません。どちらにしてもしっかりとした自己は育たないのです。そういう子育てに反発して、親の押しつけではなく、子どもの言うことを聞いて個性を伸ばそうとしても、子どもは手のつけられないほど自分勝手でわがままになってしまうかもしれません。「いったいどうしたらいいの？」と戸惑っている方も多いはずです。

その答えはＡＰにあります。他の人たちと共に生きる人間として、私たちには絶対的な自由はありません。自由とは本来、制限の中での選択の自由なのです。自分の気持ちを大切にするとともに、人と共に生きる協力精神と責任感を育てるとき、本当の自己確立ができるでしょう。ＡＰは具体的にその原理とやり方を教えてくれます。私はもっともっと多くの方がＡＰを学んで下さることを願っています。この本が、きっとその道を開いてくれることと信じています。この本を出版して下さった星和書店さん、お世話下さった近藤達哉さんに、心から感謝します。

手塚　郁恵

監訳者あとがき

ちょうどこの本に出てくるダニーやジェイソンのように「ママが嫌い！　あっちへ行って」と三歳になったばかりの娘が泣きながら言いました。娘からこんなふうに言われなかったら、私はきっとＡＰに出会うこともなかったでしょう。

私がＡＰに出会ったのは長女が七歳、長男五歳、そして二女が二歳の頃（その後三女出産）です。もう十八年前のことです。当時はまだ講座のテキストが翻訳されておらず、私は育児の合間に英単語を調べながら、ＡＰを日本に紹介して下さったジューン・シィートさんの講座を受けました。

受講後は四人の子どもの子育てと、夫の経営する精神科クリニックで看護師として働いてきました。不思議なことに、子育てと心を病んでいる方々との関わりは、とても似ているところがあり、講座の学びが驚くほど役に立ったのです。ＡＰの学びは「子育て」だけではなく、夫婦関係、嫁姑関係、その他の人間関係にも大いに役に立てることができますが、親子関係はまさに人間関係の原点ですから、ごく当然のことかもしれません。

「子どもを育てる」ということは、自分が子どもであった遠い昔を再び思い起こすことであり、子どもの頃の自分をもう一度生き直すことだと言われます。まさに私の二十五年間の子育ては生き直しの連続だったように思えます。なぜなら、二十五年間の子育てで毎日休みなく四人の子どもから突きつけられる問題は、すべて私の内にある問題であり、その度に私自身の生き方が問われてきたからです。本当に「自分さがしの旅」でした。

精神科の治療の一つに「精神分析」というものがあり（この精神分析は二年から五年、それ以上かかることもある）、それは長い時間をかけてじっくり自分の心と向き合い、自分を見つめ直し、さらに人としての成熟へ向かうための治療だと理解していますが、子育てはまさにこの精神分析を受けたくらいの「生き直し」の治療効果があったように思います。

本書の中でポプキン博士は「勇気、責任感、協力精神」の三つの資質を子どもの中に育てることが二十一世紀を生き抜くポイントだと書いています。ですから、親はその三つを念頭に置き、日常どのような関わり方をするかを詳しく学ぶことになります。この本には丁寧にたくさんの事例が「我が家のことのごとく」書かれており、読者はきっと「どこの家も似たようなものだわ」と共感されることでしょう。親が賢く少しやり方を変えるだけで子どもの反応はまったく違ったものになります。どうぞ事例を参考にして是非お試しになって下さい。きっと効果抜群だと驚かれることでしょう。

日本では「ＡＰ（より良い親子関係）講座」は一九九〇年から始まり、静かなブームで日本中に広がってきました。現在はＡＰジャパンが「トレーナー」や「リーダー」が講座を開くための教材を提供しています。これまで二五〇〇名ほどの方が講座を受講されました。現在も日本の各地で講座が開かれています。

講座ももちろんですが、この本に書かれた内容やスキルは、実践するのに難しい特別なことではなく、「なるほど、そうだわ」と納得できる常識的なものばかりです。「言うは易く行うは難し」ではありますが、ほんの少し考えややり方を変えるだけで、子どもとの関係は素晴らしいものに変わっていくはずです。

「ママ嫌い！」と言った長女は今年二十五歳になりました。現在、私と同じ精神科クリニックでカウンセラーとして働いています。私たちは良い親子関係であり、職場の仲間であり、人生の友人でもあります。そして今、私たちの家族はとても幸せです。これもひとえにＡＰ効果だと信じています。日本にＡＰを紹介し、日本の親子関係のために尽力されたジューン・シィートさんに心から感謝しております。またＡＰを応援し、快く本書の翻訳を引き受けて下さった手塚郁恵さんに心からお礼申し上げます。その他たくさんの方々の支援をいただきありがとうございました。紙面をお借りしまして感謝申し上げます。

ＡＰジャパン代表　　野中　利子

アクティブ・ペアレンティング（より良い親子関係講座）のご案内

ＡＰ講座のお問い合わせは左記のＡＰジャパンまでお願いいたします。講座ご希望の方には各地域のリーダーをご紹介致します。またリーダーご希望の方もどうぞご一報下さい。

ＡＰジャパン
ＡＰジャパン代表　野中　利子
〒８１４－０１１１　福岡県福岡市城南区茶山二丁目二－五
ＴＥＬ・ＦＡＸ　０９２－８５１－８６０６
メール　apjapan@activeparenting.or.jp
ホームページ　http://www.activeparenting.or.jp

訳者略歴

手塚　郁恵（てづか　いくえ）

公認ハコミセラピスト，APトレーナー。

津田塾大学文学部英文学科卒業。小中学校の教師を10年ほど経て，カウンセリングを学び，ロジャース全集の翻訳。その後サイコシンセシス，プロセスワークなどを学び，現在はハコミセラピストとして中央林間セラピールームを主宰。個人セッションやワークショップをしている。

著書：『好ましい人間関係を育てるカウンセリング』『子どもの感性がすくすく育つイメージワーク』『子どもの心のとびらを開くホリスティックワーク入門』（学事出版）ほか10冊。

翻訳書：ブランデン著『自信を育てる心理学』（春秋社），ミンデル著『自分さがしの冥想─ひとりで始めるプロセスワーク』（地湧社）など14冊。

監訳者略歴

野中　利子（のなか　としこ）

APジャパン代表。

1950年佐賀県生まれ。国立西別府病院付属高等看護学院卒業。福岡大学病院精神科勤務を経て，現在荒江クリニック（精神科）。1985年APを学ぶ。1998年よりAPジャパン代表。「より良い親子関係講座」編集責任者（第2版1998年）。

より良い親子関係講座
──アクティブ・ペアレンティングのすすめ──

2004年1月15日　初版第1刷発行

訳　者　手　塚　郁　恵
監訳者　野　中　利　子
発行者　石　澤　雄　司
発行所　株式会社　星　和　書　店

東京都杉並区上高井戸1-2-5　〒168-0074
電　話　03(3329)0031(営業)／03(3329)0033(編集)
FAX　03(5374)7186

　Printed in Japan　ISBN4-7911-0524-9